Norbert Blaichinger

Reden wir übers Leben.
16 Gespräche

Band 7

edition irrsee

Norbert Blaichinger
„Zell am Moos Band 7"
Reden wir übers Leben.

© edition irrsee
4893 Zell am Moos, Dorfstraße 36,
mobil: 0664/425 5000, Homepage: www.blaichinger-consulting.at
Mail: blaichinger-consulting@gmx.at
INNSALZ / Aumayer Druck und Verlag;
Gewerbegebiet Nord 3, 5222 Munderfing

ISBN: 978-3-903496-18-7
1. Auflage 2024

Titelfoto: Christian Weingartner

Das Werk einschließlich aller Inhalte ist urheberrechtlich geschützt. Alle Rechte liegen beim Autor. Nachdruck oder Reproduktion (auch auszugsweise) in irgendeiner Form (Druck, Fotokopie oder anderes Verfahren) sowie die Einspeicherung, Verarbeitung, Vervielfältigung und Verbreitung mit Hilfe elektronischer Systeme jeglicher Art, gesamt oder auszugsweise, ist ohne ausdrückliche schriftliche Genehmigung des Verlages untersagt.

Reden wir übers Leben.

Inhalt

Prolog 9

Ferdinand Eisl 13

Johanna Enzinger 23

Franz Födinger 33

Petra Freysoldt 43

Fritz Gaderer 53

Hatem Jaloll 63

Franz Maderecker 71

Mirko Ivkic 81

Christiana Neuhofer 91

Pauline Neuhofer 103

Günther Pfarl 113

Josef Pöckl 123

Matthias Radauer 133

Matthias Schafleitner 143

Maria Schweighofer 155

Fritz Wiesinger 165

Epilog 175

Kaum jemand von den jüngeren Bewohnern weiß heute noch, dass die Zell am Mooser einmal einen – na ja – nicht gerade sehr netten „Spitznamen" hatten. Man nannte sie „Zeller Schratzen". Der Schratz ist ein barschartiger Fisch mit einem stacheligen Rücken, der oft ruhig an einer Stelle steht und schaut, als würde er über etwas staunen.

So staunend sollen die Zeller früher vor den Mondseer Geschäftsauslagen gestanden sein. Zumindest sollen die Mondseer das so gesehen haben. Ob die Bezeichnung „Zeller Schratzen" tatsächlich auf diesem barschartigen Staunen beruht, ist alles andere als sicher. Die Geschichte wird halt so erzählt. Dass der Barsch eine dicke Haut hat und Stacheln, die durchaus auch wehtun können, würde schon eher dem Charakter der Zell am Mooser entsprechen. Insgesamt gelten die Zell am Mooser aber als stark in ihren Traditionen verwurzelt und als Menschen, die stolz auf ihre Gemeinde sind.

Aus: Hans Hufnagl (Hrsg.) Rund um den Irrsee, edition irrsee 2019, S. 104

Prolog

„Erinnerungen setzen Erlebnisse voraus!" Damit hat Claus Seibold wohl Recht. Woran denken wir, wenn wir uns erinnern? Und woran erinnern wir uns am liebsten? An die schönen Erlebnisse oder an die schlimmen? Ich würde sagen, alles was uns geprägt hat, behalten wir im Gedächtnis.

Im Laufe eines Lebens passieren viele Dinge. Positive, negative, Überraschungen, Enttäuschungen, Spontanes, Geplantes und Ungeplantes, Freud und Leid. Alle diese Ereignisse sind begleitet von unseren Emotionen. Wir lachen, weinen, denken nach, müssen Abschied nehmen, sind auf der Suche nach Erklärungen. Und im Laufe seines Lebens verfügt jeder von uns über ein Kaleidoskop an verschiedensten Erlebnissen und Erfahrungen.

Wenn ich an mein eigenes Leben denke, dann waren wohl meine ersten Jahre, in denen unsere Familie in der alten Volksschule wohnte, die glücklichsten. Es war zwar ein einfaches Leben, aber wir Kinder hatten trotzdem alles, was man sich nur wünschen kann. Die Eltern waren einfach richtig gut. An meine Schulzeit habe ich weniger gute Erinnerungen, auch an mein privates Leben in dieser Zeit. Hingegen habe ich an meine Berufsjahre in Mondsee (Hauptschule und Poly), Linz (Landesschulrat, Pädagogische Akademie) Wien (Lehrbeauftragter an der KIWI-Führungskräfteakademie) und Salzburg (Landesschulrat) durchaus positive Erinnerungen. Ich rede im Freundeskreis auch ganz gern über das eine oder andere Erlebnis aus meinem Leben.

Manche Menschen wollen über ihr Leben nicht reden, das muss man akzeptieren, denn nicht jeder geht offen mit seinen Lebensjahren um. Dabei geht es ja gar nicht darum, für dieses Buch den Striptease seines Lebens zu vollziehen. Viel mehr sind es Aspekte und kurze Geschichten aus einzelnen Lebensbereichen, die ich niederzuschreiben versucht habe.

Sinngemäß heißt dieses Buch „Reden wir übers Leben". Ich habe einen bunten Mix aus Zell am Mooserinnen und Zell am Moosern ausgewählt, und die meisten haben freundlicherweise zugestimmt, mit mir zu reden. Einheimische und auch als so nichtssagend bezeichnete „Zuagroaste" durfte ich zum Interview bitten. Ohne mich wiederholen zu wollen: Nicht Biografien wollte ich schreiben, sondern Fragmente aus verschiedenen Leben zu Papier bringen.

Als Themen habe ich solche vorgegeben, von denen ich glaubte, sie würden für die jeweiligen Personen passen und gleichzeitig einen Neuheitswert für die Leserinnen und Leser haben. Das Projekt hat mich von seiner Idee weg sofort fasziniert. Um auch entsprechendes Fotomaterial zur Verfügung zu haben, habe ich meinen Journalistenkollegen und Freund Dr. Christian Weingartner gebeten, Fotos der von mir interviewten Personen zu machen. Mit Christian habe ich schon bei vielen Reportagen erfolgreich zusammengearbeitet. Da weiß man einfach, was man bekommt.

Vielleicht werden Sie sich jetzt fragen, warum ich den einen oder anderen in das Buch aufgenommen und das bei manch anderen nicht gemacht habe. Die Verantwortung dafür, aber auch die Freiheit der Auswahl, liegen bei mir. Das bedeutet allerdings nicht, dass es nicht andere Menschen gegeben hätte, die ich interviewen hätte wollen. Mein Bestreben war es, einen Querschnitt an Menschen, die in dieser Gemeinde leben, dieses Dorf prägen und geprägt haben, in diesem Buch abzubilden. Vom Bürgermeister bis zur Pfarrsekretärin, vom Pfarrer bis zum Totengräber, von der erfolgreichen Unternehmerin bis zum Altbauern, von der ehemaligen Schnitzelwirtin bis zum Weltmeister im Telefonbuchzerreißen.

Egal, ob im Cafe, im Gasthaus, im trauten Heim oder im Büro, die Gespräche waren offen, von gegenseitigem Vertrauen getragen und brachten auch für mich so manch Neues. Pfarrer Mirko spricht etwa über Himmel, Hölle und Fegefeuer, auch über seine Seelsorgetätigkeit. Pfarrsekretärin Maria Schweighofer spricht über ihre Arbeit, aber auch über Erfahrungen mit Krankheit und Tod, Pauline Neuhofer über den Schnitzlwirt und Persönliches, Ferdinand Eisl über die Arbeit eines Totengräbers, Josef Pöckl über das Schnapsbrennen und sein Leben und so weiter.

Entstanden ist also ein Buch, das einen – zugegeben – ganz kleinen Einblick gibt in das Leben und Denken von Menschen, die mit uns leben. Es ist ein Buch zum Selberlesen, aber auch eines für das Bücherregal im Wohnzimmer und eines zum Verschenken.

Ich muss allen Gesprächspartnern Respekt und Anerkennung zollen, weil sie alle ihr buntes Leben beeindruckend meistern.

Ihnen wünsche ich viel Vergnügen mit meinem neuen Buch.

Ihr Norbert Blaichinger   Mai 2024

Ferdinand Eisl

Ferdinand Eisl (61), „Nagendorfer Ferdl", Altbauer und Totengräber in Zell am Moos und Oberhofen.

Ferdinand Eisl ist der Mann, der anderen eine Grube gräbt. Er ist Totengräber der Gemeinde Zell am Moos und Oberhofen. Fragen an einen Mann, der für die letzte Ruhestätte anderer sorgt.

ÜBER SEIN LEBEN AM NAGENDORFERGUT.

Das Nagendorfergut („Vorderer Nagendorfer"), wo ich aufgewachsen bin, ist ein 500 Jahre alter Hof. Ursprünglich waren wir eine Drei-Generationen-Familie mit Großmutter, Eltern und sechs Kindern. Ich habe also vier Brüder und eine Schwester. Ich bin das drittälteste der Kinder. Der Vater verstarb 1997, zwei Jahre später habe ich den Bauernhof übernommen. Damals betrieben wir schon Stiermast mit 17 Stieren. Die haben wir dann 2002 aufgegeben. Seitdem stellen wir Pferde ein, derzeit sieben an der Zahl. Wir versorgen sie von A bis Z, misten ihre Boxen aus und lassen sie auf die Koppel. Ob ich noch einmal Bauer werde, traue ich mir nicht mit Sicherheit zu sagen. Alles wird teurer und schwieriger, aber die Preise für unsere Erzeugnisse steigen nicht. 2004 habe ich Alexandra geheiratet und wir haben drei Kinder. Die beiden Töchter sind 20 und 26 Jahre alt, der Sohn ist 18 und besucht die Landwirtschafsschule.

ÜBER POSITIVES UND ENTTÄUSCHUNGEN.

Dazu kann ich nicht viel sagen. Ich habe bisher ein normales Leben gelebt mit den üblichen Höhen und Tiefen, die es in jedem Leben und in jeder Familie gibt.

ÜBER SEINE ARBEIT ALS TOTENGRÄBER.

Als Totengräber arbeite ich seit 1.1.1999. Ich muss sagen, dass das eine schwierige Arbeit ist, bei der es viel mit der Hand zu graben gibt. Särge sind vorne 66 Zentimeter breit und hinten 52 Zentimeter. Und sie sind knapp zwei Meter lang. Dem entsprechend muss das Grab ausgehoben werden. Die erforderliche Tiefe beträgt 180 bis 190 Zentimeter. Im alten Friedhof sind die Gräber sehr eng angelegt, da kann ich mit dem Minibagger nicht arbeiten, sondern muss das Grab mit der Hand ausheben. Im neuen Friedhof kann ich den Bagger schon verwenden, nur gibt es da ein anderes Problem: Unter der Erdschicht befinden sind Steine, die manchmal so groß sind, dass man sie kaum herausbringt. Voriges Jahr stieß ich etwa auf einen Stein, der so groß war, dass er noch in das Nachbargrab hinein reichte. Da hatte ich Angst, dass vielleicht die Umrandung des benachbarten Grabes brechen könnte, wenn ich den Stein heraushole. Gott sei Dank ging alles gut. Aber insgesamt ist die Arbeit im neuen Friedhof wegen des Untergrunds sehr beschwerlich. Im Durchschnitt grabe ich zehn bis zwölf Gräber pro Jahr.

ÜBER TOTENSCHÄDEL UND KNOCHENFUNDE.

Wenn wir jetzt über Totenschädel und Knochen reden, muss ich zuerst sagen, dass das vom Grad der Verwesung abhängt. Und die Verwesung hängt wieder von der Bodenbeschaffenheit ab. Wenn ich zum Beispiel bei Tiefgräbern auf sterbliche Überreste treffe, hole ich sie heraus und lagere sie in einer kleinen Grube, die ich neben dem Grab ausgebe, zwischen. Wird das Grab geschlossen, kommen sie wieder hinein und werden mit Erde bedeckt.

Unangenehm wird es dann, wenn die Verwesung noch nicht abgeschlossen ist und sich das menschliche Fleisch noch an den

Knochen befindet. Da verwende ich die Spitzhacke, um den halb verwesten Körper aus dem Grab zu holen. Dieser wird ebenso zwischengelagert und nach der Bestattung wieder in das Grab gegeben und mit Erde bedeckt. Ich hatte auch schon einen Fall, wo die sterblichen Überreste seziert wurden. Da wird dann nur noch etwas Plastik über den Körper gegeben. Da muss ich dann ein Seil nehmen, um das Skelett aus dem Grab zu holen.

ÜBER DAS BESONDERE AM ARBEITSPLATZ FRIEDHOF.

Natürlich ist der Friedhof ein ruhiger Arbeitsplatz. Es kommt aber schon vor, dass Menschen beim Graben zuschauen. Ich mag das nicht, sage aber auch nichts. Ich habe zwar keinen Stress von außen, aber den Stress macht man sich selbst. Ich will alles an einem Tag erledigt haben, aber manchmal brauche ich auch zwei Tage. Das ist so, wenn etwa ein großer Stein, wie ich es schon erwähnt habe, die Grabungen behindert.

ÜBER DIE KOSTEN EINER GRABAUSHEBUNG.

Eine Grabaushebung kostet derzeit 680 Euro, ein Urnengrab kostet 170 Euro. Seit jetzt grabe ich auch im Friedhof in Oberhofen. Natürlich gibt es auch Situationen, wo ich ein Grab nicht ausheben will. Das macht dann ein Kollege. Zuletzt machte das ein Totengräber-Kollege beim Tod unserer Mutter.

Es gibt auch eine Totengräbervereinigung, die sich einmal im Jahr am ersten Sonntag im Oktober trifft. Dabei stellt sich heraus, dass die Totengräber immer weniger werden. Was mich betrifft, so werde ich wohl auch nur noch fünf oder sechs Jahre diese Tätigkeit machen. Das hat auch körperliche Gründe.

ÜBER ALLGEMEINE GEDANKEN ZUM STERBEN.

Ich glaube einfach, man soll sich da nicht zu viel hineinsteigern. Der Tod ist einfach das Ende des Lebens. Angst vor dem Tod habe ich nicht.

ÜBER SEINEN GLAUBEN.

Ich bin katholisch. Aber ich habe seit acht Jahren Kontakt mit den Zeugen Jehovas, bin aber nicht Mitglied. Ich treffe mich mit ihnen einmal im Monat in einem Königreichsaal in der Nähe. Mir gefällt, dass sie die Bibel wörtlich interpretieren. Meine Frau Alexandra hält nichts von den Zeugen Jehovas.

Wordrap.

Ich glaube an die Wiedergeburt:
Ja.

Könnte ich mich in ein Tier verwandeln, wäre ich…
…ein Hund.

Totengräber zu sein, ist…
…nicht leicht.

Wenn ich ein Grab grabe, frage ich mich,…
…wann ich da einmal drinnen liege.

Mein liebstes Fernsehprogramm ist…
…eine gute Dokumentation.

Bayern München oder Borussia Dortmund?
Bayern München.

Schnitzel oder Schweinebraten?
Schnitzel.

Wer anderen eine Grube gräbt,…
…fällt selbst hinein.

Meine letzten Worte vor dem Tod sollen einmal sein:
Macht euch nicht zu viel daraus.

Erdbestattung oder Feuerbestattung mit Urne?
Das ist mir egal.

Johanna Enzinger

Johanna Enzinger (67), Seewirtin

Nach dem frühen Tod ihrer Eltern übernahm „Seewirt"-Tochter Johanna die Verantwortung für den „Seewirt" und entwickelte das Haus weiter zu einem weit über die Landesgrenzen hinaus geschätzten Gasthof mit ausgezeichneter Küche und gepflegten Getränken.

ÜBER EIN AUFWACHSEN ALS WIRTSHAUSKIND.

Natürlich hatte man als ein Kind, das in einem Wirtshaus aufwuchs, viel weniger Zeit und Aufmerksamkeit von den Eltern, die ja von früh bis spät arbeiteten. Wenn ich eine schlechte Note in der Schule hatte, zeigte ich der Mutter das Heft am nächsten Tag in der Früh, und sie unterschrieb unter der Note und sagte nicht viel dazu. Insgesamt wurde ich vielleicht schneller selbständig als andere Kinder, und heute kann ich sagen, dass es eine gute Lebensschule für mich war. Was die Erziehung insgesamt betraf, so habe ich am meisten von manchen Gästen gelernt, dem Doktor Trenkler etwa oder später von der Frau Schenk.

ÜBER DAS, WAS SIE VON IHREN ELTERN GELERNT HAT.

Wenn ich das in Schlagworten sagen darf: Arbeiten, Durchhaltevermögen, Durchbeißen in schwierigen Situationen und Disziplin. Von meinem Vater und meiner Großmutter väterlicherseits habe ich das Kochen gelernt. Mein Vater war ja ein ausgezeichneter Fischkoch.

ÜBER REGIONALE LEBENSMITTEL.

Bei uns kommt beinahe alles, was wir in unserer Küche verarbeiten, aus der Gegend: Die Milch von den Bauern aus der Region, das Fleisch ebenso, das Wild aus heimischer Jagd, das Brot vom örtlichen Bäcker, die Eier ebenfalls von den Bauern der Umgebung und die Fische aus dem Mondsee. Natürlich ist das am Land leichter, weil man ja die Produzenten selbst kennt, und das ist ein Riesenglück. Wir Gastronomen am Land können zurecht behaupten, dass wir wirklich Regionales verarbeiten. In der Stadt ist das sicherlich um einiges schwieriger.

ÜBER DIE ZUKUNFT DER GASTRONOMIE.

Bis vor kurzer Zeit hatten die Landgasthäuser kaum mehr Luft wegen der hohen Steuern. Aber ich denke, diese Zeit ist jetzt überstanden. Die Richtung geht weg von der Schickimicki-Küche wieder hin zu einer bodenständigen Kost. Klar, die Gasthäuser werden weniger. Umso wichtiger ist die Wertschätzung, die man „seinem" Wirtshaus entgegenbringt. Denn die Gastronomie ist in all ihren Facetten ein ganz sensibler Bereich.

ÜBER VERÄNDERUNGEN IN ZELL AM MOOS.

Meiner Meinung nach befindet sich Zell am Moos auf einem guten Weg. Es ist ja lange Zeit nichts Einschneidendes geschehen. Ich kann nur sagen, dass ich den Eindruck habe, dass sich die Verantwortlichen sehr bemühen, Zell am Moos weiter voranzubringen.

ÜBER KULTURELLE HOPPALAS.

Da fällt mir schon etwas ein. Das war zwar nicht ein kulturelles Hoppala im klassischen Sinn, aber die Besucher der damaligen

Veranstaltung werden sich sicherlich lange daran erinnern. Doktor Palzinsky bot damals immer wieder Veranstaltungen an, die er – um sie möglichst niederschwellig zu halten – als „Literatur im Wirtshaus" deklarierte. Einer der ersten Autoren, die eingeladen wurden, war Peter Turrini, ein erfolgreicher, wenn auch umstrittener Autor der österreichischen Literaturszene. Diese Lesung bei uns im damaligen Hochzeitssaal im ersten Stock sorgte für Aufregung. Turrini las aus seinen durchaus provokanten Texten, als plötzlich das Kruzifix vom Herrgottswinkel auf den Boden knallte. Mucksmäuschenstill war es in diesem Moment im Hochzeitssaal, besonders Gläubige werden möglicherweise einen Zusammenhang zwischen dem Fallen des Kreuzes und den Turrini-Texten vermutet haben.

ÜBER OMAS GEHEIME REZEPTE.

Es gibt keine Geheimrezepte von Oma. Es gibt den Topfenstrudel nach Omas Art, auch der Zwiebelrostbraten, die geröstete Leber und die Salzburger Nockerl basieren auf Rezepten der Oma. Außerdem gibt es bei uns Palatschinken „Baron Wächter". Das sind Palatschinken mit Schlagobers und Schokoladesoße. Und außerdem haben wir noch einen „Otto Schenk-Marillenkuchen". Das ist ein dünner Teig mit doppelter Menge Butter und einem Bizet.

ÜBER AUSLÄNDISCHE ARBEITSKRÄFTE.

Seit ich denken kann, hatten wir immer ausländische Arbeitskräfte im Haus. Egal, ob es der Stallknecht oder die Putzfrau war. Und seit 50 Jahren kenne ich das Theater um ausländische Arbeitskräfte. Es ist damals wie heute: Manche lernen schnell Deutsch, andere können es nach zwanzig Jahren noch nicht. Wichtiger ist aber folgendes: Früher haben sich die Gäste aufgeregt, wenn sie von einem Ausländer bedient wurden. Heute ist es so, dass die Gäste sagen, es sei erfreulich in einem Multi-Kulti-Gasthaus zu speisen.

ÜBER URLAUB.

Ich will mir alles anschauen. Ich war schon zweimal in Thailand auf Kulturreise. Aber ich kann auch sagen, dass ich noch nie wo war, wo ich gesagt hätte, diese Reise brauche ich nicht mehr. Ich war schon in Australien, in den Vereinigten Arabischen Emiraten, in New York und auch in San Franzisko. Im Norden Europas war ich noch nicht, weil das mit meiner Urlaubszeit im Jänner und Februar nicht wirklich zusammengeht.

ÜBER IHRE SPÄTEN JAHRE.

Es wird sicher einmal einen Zeitpunkt geben, wo ich sage, jetzt ist Schluss. Wann das sein wird, weiß ich nicht. Ich kann mir nicht vorstellen, dass ich mir ein Haus in Griechenland kaufe und dort bleibe. Das bin nicht ich. Auch Thailand ist schön und lebenswert. Aber es gilt dasselbe wie in Griechenland: Meine Destination ist und bleibt der Irrsee.

Wordrap.

Wenn morgens die Sonne scheint,…
…bin ich je nach Jahreszeit gut drauf.

Am liebsten frühstücke ich…
…Kaffee und Obst.

Schwach werde ich bei…
…jeder Mehlspeise.

Meinen Geburtstag feiere ich am liebsten…
…daheim.
Wer kommt und gratuliert, der kommt und ist willkommen.

Oper oder Konzert?
Beides gleich gern.

Das tue ich für meine Gesundheit:
Nicht rauchen seit mehr als 15 Jahren.

Opernball oder Dorffest?
Ist mir egal.

An Österreich schätze ich…
…die Demokratie, die wir unbedingt bewahren müssen.

Richtig ärgern kann ich mich über…
…Ungerechtigkeiten.

Wenn ich Reisen mache, dann am liebsten…
…Kulturreisen.

Franz Födinger

Franz Födinger (61), „Hesl Franz", Landwirt, ÖBB-Bediensteter i.R.

Sein Microcar ist so etwas wie sein Markenzeichen. Das Knattern des Motors ist unverkennbar. Er selbst mag laute Töne nicht so sehr. Einer von uns, der sich auf seine Weise Gedanken über das Leben in seiner und außerhalb seiner Welt macht.

ÜBER SEIN LEBEN.

Ich wurde 1963 in Salzburg geboren und bin am „Hesl-Hof" aufgewachsen. Meine Mutter bewirtschaftete den Hof, mein Vater stammte aus Innerschwand und kam mit der Heirat auf den Hof. Geboren wurde ich mit einem Klumpfuß, was mir von Beginn an immer wieder Krankenhausaufenthalte und Gips einbrachte. Meine Mutter ist oft mit mir nach Salzburg gefahren. Der Viehhändler Johann Rindberger hat uns immer in seinem Auto mitgenommen, wenn er zum Viehmarkt fuhr. Sein Vieh wurde vom Transportunternehmer Leopold Pöckl transportiert. Wir mussten schon um 3 Uhr früh beim Rindberger sein. Das war auch für meine Mutter beschwerlich. Ein ganzes Jahr lang mussten wir immer wieder nach Salzburg ins Krankenhaus. Im Winter nutzten wir für den Weg zum Rindberger den Hornschlitten. Ich möchte auch sagen, dass wir dem Viehhändler Rindberger immer sehr dankbar für seine Hilfe gewesen sind.

Geändert hat sich nichts, ich lebe mein Leben mit dem Klumpfuß. Seit dem 15. Lebensjahr bewirtschaftete ich mit meiner Mutter den Hof mit sechs Milchkühen und etwas Jungvieh, nachdem mein Vater verstorben war. Ich arbeitete immer als Hilfsarbeiter, weil die Landwirtschaft nicht zum Überleben reichte. 1990 kam ich dann zur ÖBB nach Salzburg. Zuerst war ich Urlaubsvertretung, dann Gepäckträger, aber auf selbständiger Basis. Nach elf Jahren wurde ich krank und konnte 2012 in Pension gehen.

ÜBER SEINEN GEMÜSEGARTEN.

Mein Gemüsegarten ist mein großes Hobby. Er umfasst 40 Quadratmeter, hat auch zwei Glashäuser für die Aufzucht und eine Versuchsfläche. Auf der mache ich meine eigenen Versuche mit dem Pflanzen von Gemüse. Dazu kommen noch alte Obstbäume, die jährlich eine gute Ernte abgeben. Aus meinem Gemüsegarten ernte ich praktisch jedes Gemüse. Von Zwiebeln über Kartoffeln, Tomaten, Gurken oder Zucchini. Um der Schneckenplage Herr zu werden, habe ich fünf Laufenten, Ich habe für sie einen Winter- und einen Sommerstall errichtet. Dazu habe ich noch einen Hund. Mit den Pflanzen und den Tieren rede ich jeden Tag. Und das Gemüse ist zu meiner Lieblingsspeise geworden. So kann ich sagen, dass ich mich gesund ernähre.

ÜBER DEN TOD DES VATERS UND DER MUTTER.

Das ist ein schwieriges Kapitel für mich. Über meinen Vater zu sprechen fällt mir schwer. Er hat mich behandelt, als wäre ich 15 Jahre im Zuchthaus gesessen. Er hat mich bei jeder Gelegenheit geschimpft und mich mit nicht feinen Worten bedacht. Und: Er hat sich eines Tages im Wald erhängt, die Polizei hat ihn gefunden. Ich war damals 15 Jahre alt. Ab da habe ich mit der Oma und meiner Mutter den kleinen Hof bewirtschaftet. Nach dem Tod der Oma waren nur noch meine Mutter und ich am Hof. Als dann meine Mutter krank wurde, habe ich sie vier Jahre gepflegt, ehe sie ins Altersheim kam. 2023 ist sie verstorben, nach ihrem Tod habe ich viele Tränen vergossen. Ihre Urne wurde im Familiengrab bestattet. Seite dieser Zeit lebe ich allein am „Hesl-Hof". Ich muss sagen, dass ich oft den Friedhof und das Grab der Eltern besuche.

ÜBER WEIHNACHTEN.

Früher haben wir ganz traditionell gefeiert. Zuerst wurde der Rosenkranz gebetet, danach gingen wir durch Haus und Stall räuchern. Anschließend wurde zu Abend gegessen. Es gab Bratwurst, Kraut und Erdäpfel. Das war unser Essen am Heiligen Abend, so lange der Vater noch lebte. Später gab es Fisch, Gemüse und Erdäpfel. Zur Mette sind wir nicht gegangen, aber am nächsten Tag natürlich in das Hochamt. Kleine Geschenke hat es natürlich auch immer gegeben.

ÜBER GESUNDHEITLICHE KRISEN.

Wo beginne ich da? Am besten mit dem 9.1.1986. Es gab damals seit kurzer Zeit die Helmpflicht für Mopedfahrer. Ich hatte einen Helm auf, war ihn aber noch nicht gewöhnt und hatte das Gefühl eines eingeschränkten Sichtfeldes. Dieses wurde mir zum Verhängnis, weil ich beim Abbiegen bei der Kreuzung in Richtung Volksschule mit meinem Moped ein Auto übersah. Ich stürzte und brach mir den linken Oberschenkel und hatte zusätzlich einen offenen Unterschenkelbruch links. 20mal wurde ich operiert. Die nächste gesundheitliche Krise war mein Gehirntumor im Jahr 2011. Zuerst hat ein Fuß ausgelassen, dann wurde es wieder besser. Eines Tages wurde mir zuhause nach dem Mittagessen ganz komisch. Dann war ich bewusstlos. Dr. Palzinsky, Notarzt, Polizei, Rettung kamen, das ganze Programm. Erst am nächsten Tag erwachte ich wieder. Im Krankenhaus Vöcklabruck. Ich kam in die Röhre und es wurde festgestellt, dass ich einen Gehirntumor habe. Man hat mir psychologische Betreuung angeboten, aber ich habe gesagt, dass ich das selbst verarbeite. Nach zwei Stunden habe ich den Arzt gefragt: „Und was mach wir jetzt mit dem Festplattenvirus?" Ich wurde nach Linz überstellt, dort entnahm man eine Probe und stellte fest, dass der Tumor gutartig war. Es folgte eine Chemotherapie. Meine Cousine schenkte mir einen Heilstein. Der war außen grün und innen weiß. Ich habe ihn immer bei mir getragen. Dann ist er innen von weiß zu schwarz geworden. Dann habe ich den Stein eingegraben. Offensichtlich hat der Heilstein den Tumor eingefangen. Jedenfalls gelte ich von ärztlicher Seite hinsichtlich des Gehirntumors als geheilt. Im Jahr 2022 wurde ich wegen eines Tumors im Kreuz operiert. Was ich noch erwähnen muss, ist eine Bauchspeicheldrüsenentzündung, die mir zwei Wochen auf der Intensivstation und zwei weitere Wochen auf der Normalstation des Krankenhauses Vöcklabruck einbrachte. Ich muss zwar jedes Jahr zur Kontrolle, fühle mich momentan aber wirklich gesund.

ÜBER SEINEN GLAUBEN.

Im Prinzip bin ich ein gläubiger Mensch. Ich gehe aber nicht regelmäßig in die Kirche. Aber ich kann sagen, dass ich nach meiner Tumorerkrankung gelobt habe, jeden Sonntag um 7 Uhr den Gottesdienst in der Hilfbergkirche in Mondsee zu besuchen, wenn ich wieder gesund werde. Das halte ich bis heute ein. Ansonsten sehe ich Gott in der Natur, an der ich mich jeden Tag erfreue. In und mit der Natur zu leben ist meine Lebensphilosophie.

ÜBER DEN EINFLUSS DES MONDES.

Ja, ich glaube an den Einfluss des Mondes auf den Menschen. Zunächst merke ich das an mir selbst, weil ich bei Vollmond schlechter schlafe als normal. Zweitens merke ich es in meinem Gemüsegarten. Ich halte mich an die Regel, dass man Pflanzen, die nach oben wachsen, bei zunehmendem Mond setzen soll und solche, die nach unten wachsen, bei abnehmendem Mond. Meine Erfahrungen mit dieser Methode sind wirklich gut. Auch um Wurmstichigkeit im Holz zu vermeiden, sollte man sich beim Schlagen von Holz nach dem Mond richten. Zum Beispiel sollte man einen Christbaum bei Neumond auf Steinbock fällen, damit er länger frisch bleibt.

ÜBER PLÄNE UND WÜNSCHE.

Ich habe keine großen Pläne mehr. Aber Wünsche habe ich natürlich schon. Der oberste Wunsch ist natürlich Gesundheit, das möchte ich dreimal unterstreichen. Außerdem hoffe ich, dass mein Hund noch einige Jahre lebt, er ist derzeit zwölf Jahre alt. Und dann wünsche ich mir, noch viele Jahre zusammen mit meinen Tieren leben zu dürfen.

Wordrap.

Wäre ich ein Fisch, dann am liebsten ein…
…friedliches Rotauge.

Horoskope finde ich…
…super.

Mein Frühstück besteht meist aus:
Kaffee, Butter, Brot und Marmelade.

Ich wundere mich…
…über unsere Politik.

Schnitzel oder Schweinsbraten?
Schnitzel.

Kartoffeln oder Pommes?
Kartoffeln.

Für einen Freund würde ich…
…alles tun.

In einer Kirche fühle ich mich…
…wohl.

So möchte ich einmal sterben:
Am liebsten gar nicht.

Meine letzten Worte sollen sein:
Kommt gut heim.

Petra Freysoldt

Petra Freysoldt (41), Psychotherapeutin, Lebens- und Sozialberaterin und Supervisorin.

Petra Freysoldt ist nach Zell am Moos zugezogen. Sie ist Psychotherapeutin in Ausbildung unter Supervision, gründete 2022 das Seminarzentrum OJAS im alten Gemeindeamt und ist Vorsitzende des Arbeitskreises „Gesunde Gemeinde".

ÜBER IHRE HERKUNFT.

Geboren wurde ich im Waldviertel, wo ich in der Nähe von Heidenreichstein auf einem Bauernhof meine ersten sieben Lebensjahre verbrachte. Dann zog meine Familie in die Stadt Heidenreichstein. Ich besuchte eine Fachschule für wirtschaftliche Berufe in Gmünd. Nach der Schule war ich als Kellnerin tätig, weil es mir wichtig war, eigenes Geld zu verdienen. Durch einen Onkel von mir hatte ich die Gelegenheit, in Wien in einer Firma ein Praktikum zu beginnen. Aus dem zuerst befristeten Praktikum wurde eine langfristige Tätigkeit mit einer Dauer von sieben Jahren. Zuletzt hatte ich in der Firma das Personalmanagement als alleinige Leiterin über.

ÜBER ZELL AM MOOS UND SEINE LEBENSQUALITÄT.

Nach Zell am Moos bin ich eigentlich durch Zufall gekommen. In Bad Goisern beim Canyoning habe ich meinen späteren Mann Paul kennengelernt. Wir waren sofort ineinander verliebt und nach einiger Zeit in unterschiedlichen Bundesländern haben wir eine gemeinsame Wohnung für uns beide gesucht. Wir fanden sie zunächst in Mondsee, allerdings wurde diese durch die Geburt unseres Sohnes (Moritz *2011) bald zu klein. Dann wohnten wir in der Haslau. Auch diese Wohnung wurde durch die Geburt unseres zweiten Sohnes Felix (*2013) wieder zu klein, sodass wir direkt in die Dorfmitte von Zell am Moos gezogen sind. Zell am Moos war für mich sofort ein Ort, wo ich mir vorstellen konnte, dass ich hier länger wohne. Vor allem haben es mir die Natur und der Irrsee angetan. Wenn man in die Wälder will, muss man halt ein Stück fahren, aber das macht nichts. Direkt zu den Menschen und zu den Vereinen habe ich nicht so viel Kontakt. Aber ich erlebe die Menschen in Zell am Moos grundsätzlich als sehr freundlich und offen.

ÜBER IHRE ARBEIT.

Im zweiten Bildungsweg bin ich ausgebildete Lebens- und Sozialberaterin, Erwachsenentrainerin, Supervisorin und Psychotherapeutin in Ausbildung unter Supervision. 2016 habe ich mich – nachdem ich mich in anderen Firmen nicht nach meinen Vorstellungen verwirklichen konnte – selbstständig gemacht. Gleich zu Beginn kamen immer mehr Menschen in die psychosoziale Beratung und sind lange Zeit geblieben. Ich bin dadurch praktisch in die Selbständigkeit gerutscht, ohne genau zu wissen, wohin mich dieser Weg führen wird.

Meine Klienten als Psychotherapeutin und Beraterin kommen aus Mondsee, Oberhofen, Friedburg, Mattighofen und anderen Orten, die im Umkreis von etwa 50 Kilometern liegen. 2022 habe ich das Seminarzentrum OJAS im alten Gemeindeamt gegründet. Den kleinen Seminarraum und die drei verschiedenen Therapieräume vermiete ich. Derzeit sind junge Therapeutinnen und Beraterinnen eingemietet, die am Anfang ihrer beruflichen Laufbahn stehen.

ÜBER DIE MEISTEN (PSYCHISCHEN) PROBLEME VON MENSCHEN.

Meine Klienten haben vielfältige Probleme. Es sind menschliche Probleme, die jeden von uns betreffen können. Von psychischen Problemen spreche ich nicht so gerne, weil es sehr negativ klingt und häufig als eine Art „Stempel" erlebt wird. Das ganze Thema Beratung und Psychotherapie ist sehr frauenlastig, sowohl im Bereich der Klienten wie auch bei den Therapeuten. Das Alter meiner Klienten reicht von Sechzehnjährigen bis zu Menschen beim Pensionsantritt und darüber hinaus. Es geht immer darum, den Leidensdruck, der zum Beispiel durch Probleme in der Partnerschaft, Veränderungen durch die Geburt eines Kindes oder den Tod eines geliebten Menschen entstanden ist, zu verringern. Natürlich geht es auch um persönliche Erkrankungen, sowohl psychisch als auch physisch. Eine positive Veränderung ist für viele unter zehn Therapie- oder Beratungsstunden nicht zu merken. Darum geht die Beratungszeit meist von zehn Stunden bis weit über einhundert Stunden, je nachdem, wie viel Veränderung und Stabilisierung gewünscht ist.

ÜBER IHREN PODCAST.

Ich habe am 1.1.2024 den Podcast „Herzfein" gestartet, der jungen Kolleginnen und Kollegen auf ihrem Weg in die Selbständigkeit helfen soll. Denn wenn ich mich an meinen Start zurückerinnere, wäre für mich so ein Podcast mit Informationen zur Praxisgründung und Praxisführung sehr hilfreich gewesen. Denn gerade am Beginn weiß man ja nicht wirklich viel von Werbung, Honoraren, Dokumentation und den anderen Hürden, die auf einen in der Selbständigkeit zukommen könn(t)en.

ÜBER DAS PROJEKT GESUNDE GEMEINDE.

Ich wurde von Helga Gumpelmaier gebeten, den Arbeitskreis „Gesunde Gemeinde" zu übernehmen. Das habe ich sehr gerne getan. Das Anliegen unserer Gruppe ist, pro Jahr drei bis fünf Veranstaltungen zu organisieren, die für die Menschen wirklich interessant sind. Feldenkrais, QiGong am See, Yoga und Mobbing gehören zu den Themen, die wir anbieten, aber auch der Umgang mit Demenz.

ÜBER IHR PERSÖNLICHES GESUNDHEITSBEWUSSTSEIN.

Ich kann sagen, dass wir eine sehr bewegungsliebende Familie sind und sehr viel in der Natur unterwegs sind. Was mich persönlich betrifft, so gehe ich gern in die Berge, freue mich aufs Joggen und Radfahren. Dafür habe ich verschiedene Bikes zur Auswahl: Ein Downhill-Rad, ein E-Mountainbike und ein Rennrad. Auf dem See fährt mein Mann am liebsten mit dem Kajak, ich nutze gern das Stand-Up-Paddel. In Bezug auf Ernährung versuche ich, Genuss und Gesund bestmöglich zu verbinden.

ÜBER DAS ÄLTERWERDEN.

Der Tod ist eigentlich die größte Kränkung, die wir als Menschen erleben. Vergänglichkeit ist aber ein Faktum, dem wir uns nicht entziehen können. Obwohl wir immer wieder hoffen, schöne Augenblicke hielten für ewig, ist das nicht so. Denn die Vergänglichkeit hängt wie ein Damoklesschwert über uns. Auch in der Trauerarbeit ist es so, dass dieses Damoklesschwert wie ein Verstärker wirkt. Einerseits betrauern wir den Verstorbenen, andererseits erinnert der Tod des Angehörigen an die eigene Vergänglichkeit. Generell gehen die Menschen unterschiedlich mit dem

Faktor „Vergänglichkeit" um. Manche besitzen wenig persönliche Achtsamkeit und betreiben Raubbau an ihren physischen und psychischen Ressourcen. Andere wiederum versuchen, durch Ernährung und Bewegung zwanghaft lange ihre Gesundheit und Jugend zu bewahren. Dagegen ist grundsätzlich nichts einzuwenden. Ein Problem entsteht meist dann, wenn aus beiden Haltungen Extreme werden. Von Zwanghaftigkeit in der Ernährung oder in der Bewegung halte ich genauso wenig wie von maßlosem Konsum. Ich plädiere viel mehr für eine goldene Mitte zwischen Spaß und Konsequenz und mehr Gelassenheit gegenüber dem Unausweichlichen, nämlich der Vergänglichkeit.

Wordrap.

Morgenstund' hat Gold im Mund oder: Morgenstund' ist aller Laster Anfang?
Von Laster will ich nicht sprechen, aber ich bin eher eine Abendeule.

Wird mir einmal der Stress zu viel, dann…
…fokussiere ich mich auf das Wesentliche, schaffe Klarheit über die Dinge, die sofort zu erledigen sind und solche, die etwas warten können.

Normalkost, vegetarisch oder vegan?
Vegetarisch, und das schon seit mehr als 20 Jahren.

Kaum glauben kann ich…
…wie engstirnig manche Menschen noch immer sind.

An Veranstaltungen besuche ich in Zell am Moos…
…solche mit sportlichem Charakter und das Dorffest.

Was mich als Kind geprägt hat und mich heute noch prägt:
Eine tiefe Liebe zur Natur, die uns umgibt.

Geld bedeutet für mich…
…Freiheit.

Ich möchte in Zell am Moos bleiben:
In den nächsten Jahren auf alle Fälle.

Fritz Gaderer

Fritz Gaderer (74), Tischler, Schulwart i.R.

Er gehört zu den ruhigen und unaufgeregten Menschen in der Gemeinde Zell am Moos. Das macht ihn so sympathisch. Als „Staberlmacher" bekannt geworden, als Schulwart äußerst beliebt, als Feuerwehrmann und Einsatztaucher der Wasserrettung immer zur Stelle, wenn seine Hilfe gebraucht wurde. Fragen an einen Mann, der von sich selbst sagt, er werde jetzt langsam müde.

ÜBER PRÄGENDES IN DER KINDHEIT.

Wir waren damals die „Dorfkinder". Ich erinnere mich an viele Sommer mit Schwimmen im Irrsee, an das Schifahren in der Kastanienlallee, an das Kühe hüten mit der „Pfarrer Juli", an das Rauchen von Lianen, an die vielen Lagerfeuer beim Kühe hüten. Ein Erlebnis in meiner Jugend war die Feier zu meiner bestandenen Gesellenprüfung. Jeder musste, wenn er Geselle war, ein Essen für die Mitarbeiter bezahlen. Ich hatte ja bei der Firma Wienerroither in Mondsee das Tischlerhandwerk erlernt und die Belegschaft zum Seewirt eingeladen. Plötzlich kamen Bundeskanzler Josef Klaus und seine Gattin in die Gaststube. Der Kanzler wohnte damals oft in Zell am Moos, fragte mich nach dem Grund der Feier und gratulierte mir zur bestandenen Gesellenprüfung. Das war ein Erlebnis, das mir heute noch im Gedächtnis geblieben ist.

Prägend war aber auch, dass drei meiner Freunde, der Langwallner Willi, der Neuhofer Hans („Zeller Hans") und der Sesser Lois bereits verstorben sind. Das macht zugleich traurig und nachdenklich.

ÜBER DEN VERLUST VON BRUDER UND VATER IN EINEM JAHR.

Das war im Jahr 1990. Als mein Bruder Franz verstarb (nach einer Gehirnblutung und drei Tagen im Koma), rief mich seine Frau Eva an und teilte mir die Nachricht mit. Für mich war die eine Katastrophe der Tod des Bruders, die zweite allerdings, wie ich der Familie die Nachricht beibringen sollte. Viele Menschen aus Kufstein, wo Franz Direktor der Stadtwerke war, kamen zum Begräbnis nach Zell am Moos. Im November 1990 starb mein Vater. Zwei Verluste in einem Jahr, das war für alle in der Familie schwer zu ertragen. Meine Mutter verstarb am 1.11.2009 im Seniorenheim Mondsee. Auf ihren Tod war ich schon vorbereitet, weil sie einfach nicht mehr leben wollte.

ÜBER DIE „STABERLMACHEREI.

Die so genannte Staberlmacherei war eigentlich eine kleine Werkstatt für die Produktion von Holzstäben für Motorenwickler. Bis 1996 konnte ich damit ein halbwegs gutes Einkommen erzielen. Dann ging der Hauptabnehmer meiner Stäbe in Konkurs, und das war es dann. Schon 1992 hatte ich die Stellung als Schulwart der Volksschule Zell am Moos erhalten.

ÜBER ERINNERUNGEN ALS SCHULWART.

Ich kann nur sagen, dass ich die Kinder sehr gemocht habe. Kinder sind einfach ehrlich. Und sie haben auch immer wieder Fragen gestellt, zum Beispiel, warum ich eine Glatze habe. Was ich damals geantwortet habe, weiß ich heute nicht mehr. Auch das Einvernehmen mit den Lehrerinnen und Lehrern war sehr gut. Als Direktoren hatte ich Frau Rosemarie Muss, Frau Sieglinde Hanke und Hans Grabner.

ÜBER TAUCHEN UND DIE WASSERRETTUNG.

Der Bugl Horst war damals Lehrbeauftragter der Wasserrettung. Er überredete den Obauer Fritz und mich Anfang der 1970er Jahre, den Grund- und Leistungsschein im Schwimmen zu machen. Nach einem Jahr folgte die Taucherprüfung. Wir waren sowohl für die Wasserrettung Salzburg tauchen als auch für die Feuerwehr. Bei der Feuerwehr Zell am Moos bin ich übrigens 2026 schon 60 Jahre Mitglied. Tauchen war einerseits wunderbar, wenn ich zum Beispiel daran denke, dass wir in Kenja, im Roten Meer und in Kroatien getaucht sind. Andererseits war das Tauchen eine enorme Belastung, wenn es etwa darum ging, ertrunkene Menschen zu bergen. Ich erinnere mich etwa an zwei konkrete Fälle. In einem Fall mussten wir einen Toten aus einem Auto bergen, das in den Mondsee gefahren war. Alles andere als einfach, wenn am Ufer zahlreiche Schaulustige stehen. Noch schlimmer war es bei der Bergung eines toten Kindes aus dem Mondsee. Wir versuchten es so diskret wie möglich ans Ufer zu bringen. Trotzdem hat uns eine Frau am Ufer geschimpft, wie pietätslos wir mit dem toten Kind umgegangen sind. Aber wir hatten uns wirklich bemüht, das so sanft wie möglich zu erledigen. Dass ich dann zu tauchen aufgehört habe, hängt damit zusammen, dass ich neben meinem Hauptberuf noch die Werkstatt hatte und das Haus umbaute. Da fehlte mir einfach die Zeit. Weitere Gründe waren die Gesundheit und damit verbunden die Sicherheit unter Wasser.

ÜBER DAS WIRTSHAUS ALS TREFFPUNKT:

Ich bin grundsätzlich der Meinung, dass man seine sozialen Kontakte pflegen sollte. Da gibt es den sonntäglichen 10 Uhr-Stammtisch beim Langwallner, am Mittwoch den Stammtisch beim Seewirt, wo wir gern draußen sitzen, am Freitag gibt es auch einen

Stammtisch beim Langwallner. Ich besuche die Stammtische eher unregelmäßig, früher vielleicht öfter, heute weniger. Dann gibt es die Radfahrgruppe, die bisher immer vom Fredi Froschauer bestens organisiert wurde. Ein weiterer Treffpunkt ist der Fußballplatz. Wenn die Zeller gut spielen, macht es Spaß zuzusehen. Aber es geht natürlich auch darum, Bekannte und Freunde zu treffen und zu plaudern. Und dann möchte ich natürlich auch den Seniorenbund erwähnen, mit dem wir vielfältig unterwegs sind. Gern erinnere ich mich an Reisen nach Berlin und Brüssel.

ÜBER GESUNDE ERNÄHRUNG.

Natürlich möchte ich mich gesund ernähren, deshalb koche ich auch selbst. Einfach gesund, aber schmackhaft für mich. Zum Beispiel Reis mit Gemüse, was ich sehr liebe. Fleisch verzehre ich wenig. Einmal pro Monat esse ich Leberkäse. Zusammen mit einem Spiegelei ist das eine Köstlichkeit, auf die ich nicht verzichten möchte. Was ich natürlich völlig ablehne ist Fastfood. Ich glaube, es ist schon 40 Jahre her, dass ich in einem Fastfood-Restaurant war.

ÜBER DIE ZUKUNFT ÖSTERREICHS.

Es ist leider eine derartige Verrohung der Sprache in der Politik – aber nicht nur hier – eingetreten, dass mir das Angst macht. Weiter möchte ich mich zur Politik nicht äußern.

ÜBER SEINE NÄCHSTEN JAHRE.

Ich will noch viel Zeit in meiner Badehütte, in meinem Haus und in meiner Werkstatt verbringen. Wie lange das noch geht, weiß ich nicht. Meine letzten Jahre werden so sein wie bei vielen anderen Menschen, die alleine leben. Wenn man einmal körperlich so geschwächt ist, dass man nicht ohne Hilfe auskommt, dann gibt es nur mehr zwei Möglichkeiten: 24 Stunden-Pflege oder Seniorenwohnheim. Ich muss das wie alle anderen in meiner Situation auf mich zukommen lassen.

Wordrap.

An meine Großmutter erinnere ich mich …
…noch gut. Vor dem Bettgehen hat sie uns Kindern noch Geschichten vorgelesen. Dann wurde noch das Abendgebet gebetet. Meine Großmutter war eine sehr gläubige Frau.

Meine Einkäufe erledige ich…
…alleine.

Meinen Computer benutze ich…
…für elektronische Zahlungen, für Nachrichten und sonstige Informationen.

Meine liebsten Fernsehsendungen sind…
…Nachrichten, aber Soko-Serien meide ich.

Asylwerber in Zell am Moos…
…stören mich überhaupt nicht.

Was mir wirklich fehlt ist…
…eigentlich nichts. Ich habe alles, was ich brauche.

Als Pensionist bin ich…
…noch völlig unabhängig.

Meine Nachbarschaft ist…
…durch ein wirklich gutes und vertrauensvolles Verhältnis geprägt.

Schneefall, Hagel, Sturm, Gewitter, Hitze? An dieses Extremereignis erinnere ich mich zuerst:
An den Sturm Kyrill. Der Schaden hat die Hälfte unserer Waldfläche betroffen.

Meine Erinnerungen an das Bundesheer sind…
…so, dass das die sorgenfreiste Zeit meines Lebens war.

Die Entwicklung von Zell am Moos sehe ich…
…ruhig und gelassen, weil man gewisse Entwicklungen ohnehin nicht aufhalten kann. Ich wäre nur neugierig, wie Zell am Moos in dreißig Jahren aussieht.

Hatem Jaloll

Hatem Jaloll (28), ehemaliger Flüchtling aus Syrien.

Es ist die Geschichte eines jungen Mannes, der in Syrien geboren wurde und in Istanbul, Türkei, aufwuchs. Als Asylwerber hat er sich in Österreich rasch integriert, spricht gut Deutsch und hat eine gute Arbeit. Fragen und Antworten, die zum besseren Verständnis geflüchteter Menschen beitragen sollen.

ÜBER SEIN LEBEN IN SYRIEN BIS ZUR FLUCHT.

Ich wurde in Idlib, einer Stadt mit ca. 160.000 Einwohnern, geboren. Sie liegt etwa 20 Kilometer von der syrisch-türkischen Grenze entfernt. Man kennt Idlib vom schweren Erdbeben im Februar 2023, das die Stadt und die Menschen schwer getroffen hat. Ich habe fünf Geschwister, vier Brüder und eine Schwester. In Istanbul habe ich als Buchhalter gearbeitet, aber auch Wirtschaftsingenieurwesen und Physiotherapie studiert. Leider nicht abgeschlossen. Ich kann sagen, dass ich in der Türkei ein ganz gutes Leben hatte. 2020 begannen dann die Probleme, weil die Türken die syrischen Menschen aus ihrem Land weghaben wollen. Es gab Übergriffe von jungen Türken gegen junge Syrer, und die Polizei hat nie etwas dagegen gemacht.

ÜBER SEINE FLUCHT.

Zunächst muss ich sagen, dass es für mich ein sehr schwerer Entschluss war, mein Umfeld zu verlassen und mich auf die Reise in ein unbekanntes, fremdes Land zu machen. Den Leuten, die mich nach Österreich gelotst haben, musste ich 6.000 Euro bezahlen. Wir waren zwei Monate unterwegs, davon wurden wir einen Monat lang in Serbien angehalten. Die Fluchtroute ging über Bulgarien, Serbien und Ungarn nach Österreich. Von Serbien nach Ungarn gingen wir zu Fuß, von Ungarn nach Österreich waren wir in einen Kleinbus gepfercht. 30 Menschen auf engstem Raum. Und seit 21.12.2021 bin ich in Österreich. Wir kamen nach Wien, und zehn Minuten nach unserer Ankunft war bereits die Polizei da. Alle waren sehr nett bei den Einvernahmen. Anschließend wurden wir in das Lager Schwechat gebracht. Von Schwechat wurde ich nach Gmunden gebracht, wo ich einen Monat lang blieb.

ÜBER SEINEN AUFENTHALT IN ZELL AM MOOS.

Über Österreich hatte ich mich schon im Internet erkundigt. Ich wusste, dass es ein schönes Land ist, mit vielen Seen und vielen Bergen. Aber Zell am Moos war mir natürlich überhaupt kein Begriff. Am 1.2.2022 war es soweit. Ich wurde in die Pension Neuhofer gebracht, die ja schon viele Asylwerber aufgenommen hatte. Dieses Haus war und ist für viele andere der reinste Glücksfall, weil Frau Pauline und Gitti einfach nette und freundliche Menschen sind, die viel Verständnis für die Nöte und Sorgen von Asylwerbern haben. Und der Ort Zell am Moos hat mich von Beginn an begeistert. Die Menschen sind sehr freundlich.

ÜBER DEUTSCHLERNEN UND ARBEITEN.

Ich muss sagen, dass ich in Zell am Moos sehr viel Unterstützung bekommen habe. Ich kann nicht alle aufzählen, aber neben Pauline und Gitti waren es zum Beispiel Peter Schwarz, Barbara Bruckbauer, Helga Gumplmayer und natürlich viele andere. Bei „Mondseeland hilft" habe ich Deutsch gelernt, so dass ich jetzt auf Niveau B 1 bin. Manchmal werde ich gefragt, ob es für einen Syrer schwierig ist, die deutsche Sprache zu erlernen. Ich sage dann immer: Wenn man wirklich will, geht es ganz gut. Mittlerweile habe ich schon Dauerasyl bekommen und habe jetzt – nachdem ich zuerst in Zell am Moos eine Wohnung gemietet hatte – eine Wohnung in Mondsee. Eine Arbeit habe ich auch in Oberhofen, die mir viel Freude macht, weil die Kollegen so nett sind. Und derzeit mache ich gerade den Führerschein, um mir später ein Auto kaufen zu können. Ich kann zurecht von mir behaupten, dass ich dabei bin, mich bestens in Österreich zu integrieren.

ÜBER DIE WESENTLICHEN UNTERSCHIEDE ZWISCHEN SYRIEN UND ÖSTERREICH.

Da fallen mir drei Dinge ein. Erstens habe ich in der Türkei mit Türken gearbeitet und dort die Erfahrung gemacht, dass es immer Probleme bei der Auszahlung des Lohnes gab. Außerdem gab es keinen Acht-Stunden-Tag wie in Österreich, sondern 12 oder 13 Stunden täglich für monatlich 300 Euro oder etwas mehr. In Österreich habe ich auch schon an verschiedenen Stellen gearbeitet. Aber am Ende des Monats gab es das vereinbarte Geld und nie Probleme. Zweitens: In Österreich sind die meisten Menschen sehr nett, man fühlt sich gut behandelt. In der Türkei hingegen müssen sich Syrer als Menschen zweiter Klasse fühlen. Und ein dritter Punkt: Österreich hat zwar manchmal sehr kalte Tage im Winter, aber insgesamt ein angenehmes Klima. In der Türkei sind die Sommer einfach zu heiß.

ÜBER ZUKUNFTSPLÄNE.

Zunächst möchte ich perfekt Deutsch lernen, vielleicht auch Dialektdeutsch. Dann muss ich überlegen, ob ich noch den Universitätsabschluss mache oder nicht. Dann hätte ich natürlich gerne eine geräumige Wohnung, ein Auto und eine Familie mit Kindern. Ob ich für immer in Österreich bleiben will, kann ich noch nicht sagen, weil sich die Welt ja so schnell verändert. Derzeit kann Syrien jedenfalls kein Thema sein, weil ja alles zerbombt und kaputt ist.

Wordrap.

Syrien ist…
…meine Heimat, die ich aber nicht wirklich kenne. Ich weiß nur, dass ich vier Onkel durch den Krieg verloren habe.

Österreich ist…
…meine zweite Heimat.

Ich bin Moslem, aber…
…ich habe kein Problem mit Menschen anderer Religionen. Gott ist Gott für alle da, und jeder Mensch ist ein Mensch.

An österreichischen Speisen mag ich…
…Kartoffelsalat, Ofenkartoffel, Fisch.

Ein Wunsch, den ich mir erfüllen möchte, ist:
Ich habe mehrere Wünsche: ein Haus, eine Familie, nette Freunde und ein Leben ohne Probleme.

Ich trinke Alkohol:
Nein.

Ich esse Schweinefleisch:
Nein.

An österreichischer Musik gefällt mir…
…Orgelmusik.

Über Donald Trump und Joe Biden:
Trump hat ein Einreiseverbot in die USA für Moslems erlassen. Warum eigentlich?
Zu Biden: Er hätte es in der Hand, Assad in Syrien wegzubringen. Aber er macht es nicht. Wegen Putin?

Franz Maderecker

Franz Maderecker, „Pinzgauer" (65).

Er ist 190 Zentimeter groß und bringt 107 Kilogramm auf die Waage. Er war stärkster Mann Österreichs („strongest man"), Staatsmeister im Steinheben und Weltmeister im Telefonbuchzerreißen. Seine Wettkampfzeit ist lange vorbei, seinen Körper will er aber auch heute möglichst gut in Form halten. Skizzen aus dem Leben eines unglaublichen Kraftpakets.

ÜBER KINDHEIT UND JUGEND.

Geboren wurde ich in der Haslau, womit ich ein waschechter Zell am Mooser bin. Ich war schon bei meiner Geburt ein ziemliches Bröckerl mit einem Gewicht von 5,20 Kilogramm. Aufgewachsen bin ich in der Haslau am Badlhof, bei meiner Tante, in Häusern bei den Großeltern in der Tischlerei Maderecker und in Angern beim Wirt z' Angern bei meiner Mutter. Neun Jahre habe ich die Volksschule Haslau besucht. Schon früh musste ich in der Tischlerei mithelfen und habe mir damals geschworen, später im Berufsleben einmal nichts mit Holz machen zu wollen. Daraus ist aber nichts geworden, habe ich doch drei Jahre im Sägewerk Neuhofer und 44 Jahre im Sägewerk Dax gearbeitet.

ÜBER DIE BEZEICHNUNG „PINZGAUER".

Als ich im Alter von sechs Jahren einmal eine 50 Liter-Milchkanne geschleppt habe, beobachtete mich ein Nachbar und sagte: „Der Bub hat eine Kraft wie ein Pinzgauer-Stier." Der „Pinzgauer" ist mir ein Leben lang geblieben.

ÜBER KRAFT.

Dass ich kräftig bin, habe ich schon als Kind gewusst. Als ich vom Kind zum Jugendlichen heranwuchs, wollte ich immer zeigen, dass ich stärker und besser bin als andere. Ich kann mich erinnern, dass ich meine Kraft einmal am Parkplatz vor dem Stroblwirt in der Haslau gezeigt habe. Da stand ein Traktor der Marke Steyr 15 mit ungefähr 600 Kilogramm Gewicht. Ich ließ zusätzlich drei gestandene Männer aufsitzen und hob den Traktor dann hinten vom Boden hoch. Das waren ungefähr 900 Kilogramm. Freilich hätte ich meine Kraft auch für eine Sportart wie Judo nutzen können, aber der Weg zu einem möglichen Erfolg dauerte mir zu lange. Ich wollte schnell nach oben kommen.

„Maderecker zerkleinert Telefonbücher so, wie ein Herr am Nebentisch diskret die Semmel zum Gulasch bricht." (aus: Norbert Blaichinger: LEUTE, Salzburg 1985)

ÜBER ERFOLGE UND TITEL.

Mein erster Titel war der des Salzburger Landesmeisters im Steinheben. Freunde hatten mich überredet, hier mitzumachen. Bislang hatte ich noch keinen Wettkampf bestritten und auch nie gezielt trainiert. Aber dieser Titel spornte mich so an, dass ich gezielt zu trainieren begann. Ich baute mir einen eigenen Stein mit einem Gewicht von 190 Kilogramm. Bei manchen Trainings drückte ich bis zu 30 Tonnen. Dazu trainierte ich in der Kraftkammer. In meiner besten Zeit habe ich mit einer Hand 160 Kilogramm gehoben. Die nächsten Erfolge waren zwei Staatsmeistertitel im Steinheben. Und den bayrischen Weltmeister im Steinlupfen, Ludwig Frey, habe ich 1984 bei vier verschiedenen Turnieren viermal besiegt. Noch im selben Jahr folgte der erste Weltmeistertitel und folgend ein Eintrag in das Guinness Buch der Rekorde. Am 8.12.1984 zerriss ich 20 Tiroler Telefonbücher mit je 700 Seiten in nur 23 Sekunden und unterbot den damaligen Weltrekord um zehn Sekunden. Später bekam ich von der Gemeinde Straßwalchen für diese Leistung die Goldene Ehrennadel für Sport überreicht, eine Auszeichnung, die nicht oft vergeben wird. Übrigens habe ich noch einen weiteren Weltmeistertitel im Telefonbuchzerreißen, den ich aber nicht für das Buch der Rekorde eingereicht habe. Und außerdem war ich einmal oberösterreichischer Landesmeister im Armdrücken. Ich hätte mir noch andere Titel vorstellen können, etwa beim Umwerfen von Autos oder beim Ziehen von Schwerfahrzeugen. Aber alles kann man eben nicht machen. 1992 und 1993 wurde ich in Tirol zweimal „strongest man", also stärkster Mann Österreichs. Das hat mir auch sehr getaugt.

ÜBER SHOWS UND FERNSEHAUFTRITTE.

Alle Auftritte, und das vielleicht noch in der richtigen zeitlichen Reihenfolge, das schaffe ich gar nicht mehr. Was ich noch weiß, ist der erste Auftritt nach dem Weltrekord mit den Telefonbüchern. Das war in der Fernsehsendung „Ja oder Nein" mit Joachim Fuchsberger. Und wenig später bin ich in der ARD-Sendung „Gemischte Gefühle" zu einem Vergleichskampf gegen einen Österreicher angetreten. Da bin ich mit eigenem Fanclub nach Stuttgart angereist. Die Bedingungen waren aber extrem schwer, weil der Gegner darauf bestand, dass wir Telefonbücher mit 1600 Seiten zerreißen. Ich habe allerdings immer mit den 700 Seiten dicken Tiroler Telefonbüchern trainiert. Außerdem war ich immer auf 20 Stück fixiert, die in möglichst kurzer Zeit zerrissen werden sollten. Aber beim Wettkampf waren es vier mal sieben Telefonbücher mit unterschiedlicher Stärke, die zu zerreißen waren. Alles in allem waren es Bedingungen, die meinen Gegner bevorzugten. Trotzdem habe ich ihn bei diesem Vergleichskampf klar besiegt. Hätte ich diesen Vergleichskampf verloren, wäre es mit meiner Karriere vorbei gewesen, aber der Sieg war Auslöser für viele weitere Auftritte. Egal, ob Deutschland (Dortmund, Fulda, München), Italien oder Teneriffa, das Telefonbuchzerreißen mit mir als Weltmeister erlebte tolle Zeiten. Manchmal, wenn ich besonders gut drauf war, habe ich sogar noch einen Showeffekt draufgelegt und zwei Telefonbücher auf einmal zerrissen. Und in München habe ich einmal einen besonderen Showeffekt gesetzt und eine Schmarrnpfanne zusammengerollt wie eine Flöte. Da war das Publikum ziemlich aus dem Häuschen. Naja, Show gehört eben auch zum Geschäft.

ÜBER BERÜHMTSEIN.

Ich müsste lügen, wenn ich sagen würde, dass mir die plötzliche Berühmtheit nicht getaugt hätte. Überall in den Lokalen wurde ich angesprochen und gefragt, ob man der Mann ist, der die Telefonbücher zerreißt. Autogramme habe ich gegeben, eigene Autogrammkarten gehabt, und Interviews für Zeitungen, Radio und Fernsehen waren eine Zeitlang wirklich an der Tagesordnung. Natürlich habe ich viel trainiert, damit ich auch lange für die Medien interessant bleibe. Ich habe wahrscheinlich rund 50.000 Telefonbücher zu Trainingszwecken zerrissen. Viele Auftritte und Interviews habe ich elektronisch archiviert und könnte sie jederzeit wieder einmal anschauen. Aber an und für sich bin ich ja kein Mensch, der gern zurückschaut, sondern immer nach vorn.

ÜBER ÄLTERWERDEN.

Seit drei oder vier Jahren merke ich, dass die extreme Kraft etwas nachlässt. Aber für mein Alter habe ich immer noch genug davon. Ich schaue, dass ich meinen Körper fit halte mit Krafttraining, Radfahren und viel Schwimmen im Sommer. Ich könnte ihn nie versauen dadurch, dass ich vielleicht einen Bauch ansetze. Dass man im Alter schwächer wird, damit muss jeder leben. Verhindern kann man das Älterwerden nicht, aber die Folgen durch Fitness etwas mildern.

ÜBER SIEGE UND NIEDERLAGEN.

Stolz bin ich auf den Weltmeistertitel und den Eintrag ins Buch der Rekorde. Das kann man ruhig als persönliche Siege bezeichnen. Bei den Niederlagen tue ich mir schwer, weil ich eigentlich keine hatte in meinem Leben. Die Scheidung von meiner Frau im Jahr 2007 war eine Enttäuschung, aber auch keine Niederlage. Jetzt habe ich eine neue Familie, mit der ich sehr glücklich bin mit den Kindern und Enkeln.

ÜBER KRAFTFUTTER.

Früher habe ich nie auf gesunde Ernährung geachtet. Schweinebraten, je fetter, umso lieber, mit drei Knödeln und zwei Salattellern, das war – wenn man das so bezeichnen will – mein Kraftfutter. Einmal habe ich gemeinsam mit meinem Bruder zur Jause sogar einen Strutzen Brot und ein Kilo Aufschnitt verzehrt.

Heute ist das natürlich etwas anders, weil ich eben keinen Bauch ansetzen will. Und da ich gerne Bier trinke, muss ich beim Essen schon etwas aufpassen.

Wordrap.

Vier Begriffe, die mich beschreiben:
Groß, stark, gutmütig und ehrgeizig, wenn es um etwas geht.

Was in meinem Kühlschrank nie fehlen darf:
Bier.

Meine Mutter sagte zu mir:
Iss, damit etwas wird aus dir.

Schwach werde ich bei…
…Süßspeisen.

Lebensglück bedeutet für mich…
…gesund zu sein und mich frei bewegen zu können.

Ich singe…
…wirklich gerne.

Kaffee oder Tee?
Kaffee.

Red Bull Salzburg oder LASK?
Red Bull Salzburg.

Neujahrskonzert oder Neujahrsspringen?
Neujahrsspringen.

Mirko Ivkic

Mirko Ivkic (60), ist katholischer Priester und Seelsorger der Pfarren Zell am Moos und Oberhofen.

Seit 2011 ist Mirko Ivkic katholischer Priester und Seelsorger am Irrsee. Er gilt als charismatisch und ist bei den Gläubigen beliebt. Fragen zum Menschen Mirko und seiner Berufung.

ÜBER SEINE FAMILIE.

Geboren wurde ich in Blazevac im ehemaligen Jugoslawien, habe kroatische Nationalität und bin natürlich katholisch. Ich habe sechs Geschwister, drei Brüder und drei Schwestern, wobei ich das Sonntagskind bin. Mein Vater war Bauarbeiter, meine Mutter besorgte den Haushalt und war eine gute Erzieherin. Das Gymnasium habe ich in Zadar besucht, danach eineinhalb Jahre den Militärdienst geleistet. Das Theologiestudium absolvierte ich in Sarajewo. 1989, also genau 200 Jahre nach der Französischen Revolution, wurde ich zum Priester geweiht. Während des Krieges habe ich drei Jahre lang von Kriegswirren betroffene Menschen seelsorglich begleitet und betreut. Danach kam ich nach Deutschland, wo ich zehn Jahre blieb. In Österreich lebe ich seit 2006, in Oberösterreich seit 2009 und in Zell am Moos und Oberhofen seit 2012.

ÜBER SEINE BERUFUNG ZUM PRIESTER.

Das ist ein Mysterium. Berufung kommt nie aus einem selbst heraus, vielmehr wird man von einer anderen Instanz berufen. Ich wurde zum Priester berufen, und ich habe diese Berufung nie in Frage gestellt. Berufung verleiht Identität, und es war meine beste Entscheidung, mich rufen zu lassen.

ÜBER SINKENDE ZAHL AN KIRCHENBESUCHERN.

Es ist immer ein Auf und Ab gewesen mit den Kirchenbesuchen. Die Fragen des Lebens bleiben, aber die Antworten werden immer wieder bei verschiedenen Institutionen gesucht. Das hängt von den kulturellen Umständen und gesellschaftlichen Gegebenheiten ab. Aber ich mache mir da keine Gedanken im Sinne einer drohenden Apokalypse. Vielmehr ist es ein Zeichen, dass der Sinn des Lebens von Menschen nicht ausreichend erforscht wird.

ÜBER AKTUELLE HERAUSFORDERUNGEN IN DER SEELSORGE.

Man ist herausgefordert, authentisch zu sein, einfach, demütig und ehrlich, und man muss versuchen, das Beste zu geben. Wichtig ist auch, dass man durch das Gebet im Glauben wächst.

ÜBER PRIESTERSEIN AM IRRSEE.

Es ist phantastisch. Ich habe geträumt von so einem Ort und konnte es realisieren. Ich schaue, dass die Menschen mit ihrem Seelsorger zufrieden sind. Auch ich bin zufrieden und erlebe gerade die längste Phase, wo ich mich wie Zuhause fühle. Soziologisch bin ich gut in die Gemeinschaft eingebunden, aber ich bin nicht der Deckel für jeden Topf. Das soll heißen, dass ich nicht überall dabei sein kann. Aber wenn man mich als Priester braucht, dann bin ich zur Stelle. Zwei Pfarren zu leiten ist ein Maß, das der aktuellen Situation entspricht. Ich würde mir nicht nur eine Pfarre wünschen, aber auch nicht fünf Pfarren.

„Sich selbst einzuschätzen, ist sehr schwierig. Ich bin sicher ein Optimist und trage meinen Glauben im Herzen. Das versuche ich auch im täglichen Leben zu vermitteln." (Mirko Ivkic in einem Interview mit den OÖN am 30.6.2014)

ÜBER FASZINIERENDES UND FANTASTISCHES
IM LEBEN.

Mich faszinieren die kleinen Dinge, ob es jetzt im geistlichen Sinne liegt oder im handwerklichen Bereich. Ich verschlinge Reportagen über Astronomie, Biologie, Geschichte und Natur allgemein, und ich gehe auch gern in die Natur, habe aber leider zu wenig Zeit dafür. Ich wundere mich über das, was Gott dem Menschen schenkt, Seelsorge halte ich für etwas Phantastisches.

ÜBER HIMMEL, HÖLLE UND FEGEFEUER.

Das ist die klassische Lehre der Kirche, die will ich nicht anrühren. Ich glaube, dass es einen Lohn nach diesem Leben gibt, denn Gott will niemanden bestrafen. Wenn wir uns aber von Gott entfernen, entsteht ein Problem. Solange wir leben, können wir jederzeit umkehren hin zu Gott. Erst wenn wir gottabgewandt gestorben sind, ist es zu spät und wir sprechen von Hölle. Fegefeuer als Möglichkeit der persönlichen Läuterung halte ich natürlich für möglich. Himmel und Hölle sind Kategorien, die Hoffnung machen.

ÜBER UNTERSCHIEDE ZWISCHEN KROATIEN
UND ÖSTERREICH.

Ich sehe, dass Österreich und Kroatien Freundschaftsländer sind. Auf beide Länder bin ich sehr stolz. Ich empfinde beide als wirkliche Perlen. Während es mit einigen Nachbarn Probleme gibt, haben Österreich und Kroatien keine Probleme. Das Verhältnis ist absolut ungetrübt. Natürlich gibt es Unterschiede zwischen beiden Ländern, aber diese bereichern und ergänzen sich. Ich nehme zur Kenntnis, dass Österreich die besseren Schifahrer hat, aber wir haben die besseren Fußballer. Aber Spaß beiseite: Beide

Länder müssen glücklich sein, dass sie sich nicht mitten in den Brennpunkten des Weltgeschehens befinden. Wir leben ja doch in einer weitgehend friedlichen Region. Als Südländer sind die Kroaten vielleicht etwas spontaner und impulsiver als die Österreicher. Aber wenn wir das Thema Korruption ansprechen, kann ich nur sagen: Korruption ist eine Krankheit, von der Kroatien, Österreich, aber praktisch alle Länder betroffen sind.

ÜBER DAS ÄLTERWERDEN.

Ich habe kein Gefühl der Angst. Altwerden begrenzt nur unsere Flatterhaftigkeit, ich gebe aber zu, dass ich auch mit 60 Jahren die Grenzen meiner Kraft spüre. Man muss einfach zur Kenntnis nehmen, dass man älter wird. Aber mein Elan ist bisher nicht weniger geworden. Mit dem Wort Gottes kann man Kraft tanken, wenn man entsprechend demütig ist. Und im Übrigen halte ich mich an Viktor Frankl, der einmal gesagt hat: „Bis zum letzten Atemzug hat das Leben einen Sinn."

ÜBER SEINE KOCHKÜNSTE.

Ich habe nie einen Kochkurs gemacht, habe mir aber viele Kochbücher gekauft und die meisten wieder verschenkt. Meine Schwester hat mir das Kochen gelernt. Heute kann ich sagen, dass ich gut koche, einfach, aber schmackhaft. Im Krieg in Jugoslawien habe ich zwei Dinge nicht verloren: Meinen Charakter und meinen Appetit. Und ich versuche, mich nach gesunden Kriterien zu ernähren. Hildegard von Bingen hat gesagt: „Nahrung sei deine Medizin, und Medizin sei deine Nahrung." Daran versuche ich mich zu halten.

Wordrap.

Jesus bedeutet für mich:
Er ist der Sohn Gottes. Und er ist mein Freund.

Das tägliche Brevier bete ich…
…mit Freude.

Christi Geburt oder Auferstehung: Welches Fest gibt mehr Hoffnung?
Natürlich die Auferstehung.

Die Segnung homosexueller Paare ist…
…für mich kein Problem. Ich segne alle Menschen.

Als Priester verdient man…
…genug, wenn man nicht verschwendet.

Ohne mein Fahrrad wäre ich…
…ein verlorener Fall.

Am liebsten esse ich…
…mit lieben Freunden.

Wenn ich könnte, würde ich…
…mir mehr Zeit nehmen für Begegnungen mit Menschen und mir mehr Zeit nehmen für mich selbst.

Mein Vertrauen in die Politik ist…
…getragen von der Hoffnung, dass die Politik gerade in unserer Zeit keine Dummheit macht.

Tee oder Käffchen?
Was für eine Frage! Käffchen natürlich.

Christiana Neuhofer

Christiana Neuhofer (81), Unternehmerin i.R.

Gemeinsam mit ihrem Gatten Franz hat Christiana Neuhofer in 35 Jahren aus einem Unternehmen mit 20 Beschäftigten ein modernes Säge- und Hobelwerk geschaffen. Neben ihrer Büro- und Hausarbeit hat sie vier Kinder großgezogen und zusätzlich nie auf ein hohes soziales Engagement vergessen. Betrachtungen über ein Leben, in dem Erfolg nur die eine Seite ist.

ÜBER KRIEGS- UND NACHKRIEGSERINNERUNGEN.

Als eine mitten im Krieg, nämlich 1942, Geborene sind meine Erinnerungen über diese Zeit natürlich nicht sehr ausgeprägt. Aber es gibt natürlich Dinge, die man sein Leben lang nicht vergisst. Zum Beispiel das wiederholte Heulen der Sirenen bei Fliegeralarm. Da stürmte dann die Mutter ins Zimmer, packte uns Kinder zusammen und brachte uns in den Keller. Dort war es dunkel und wir mussten oft stundenlang ausharren. Ich habe mich immer sehr gefürchtet. Das hat sich in mir sehr stark eingeprägt. Später schlief ich nur bei eingeschaltetem Licht. An ein zweites Erlebnis erinnere ich mich auch noch: Amerikanische Soldaten holten Schnittholz von unserem Lagerplatz und brachten es zur Siezenheim-Kaserne. Wir Kinder schauten aus dem Fenster, als die Mutter zu den Soldaten ging und fragte, was das solle. Einer kam zu ihr, hob die Waffe und sagte, sie solle sofort ins Haus gehen, sonst würde er sie erschießen. Meinen Vater habe ich in meinen ersten Lebensjahren nicht gesehen, weil er ja als Soldat im Krieg war. 1945 kam er zurück, hat aber nie viel über den Krieg gesprochen. Aber an eines erinnere ich mich noch. Er hat erzählt, dass die Soldaten Buchenblätter gekaut haben, weil sie so großen Hunger hatten.

ÜBER ZUCHT UND ORDNUNG IN DER KLOSTERSCHULE.

Eigentlich konnte ich mir unter einem Internat nichts vorstellen, unter der von Augustiner Chorfrauen geführten Schule Goldenstein in Elsbethen noch weniger. Die Schule hatte jedenfalls einen hervorragenden Ruf. Für mich war aber Heimweh ein großes Thema. Immer, wenn wir an einem Wochenende nach Hause durften und mich der Vater am Sonntagabend wieder nach Goldenstein brachte, war ich den Tränen nahe. Aber der Vater sagte nur: „Was man beginnt, soll man auch zu Ende bringen." Ich muss gestehen, dass er immer nur das Beste für mich wollte. Nach Hause durften wir nur zu Allerheiligen, Weihnachten, Ostern und Pfingsten. Und dazu gab es einmal im Monat die Möglichkeit für einen Besuch im Internat. Natürlich durfte man auch Packerl bekommen. Diese wurden aber geöffnet und ihr Inhalt überprüft. Sonntags mussten wir unser Matrosenkleid tragen, eine Art Schuluniform. Unser Essen war – höflich ausgedrückt – nicht gut. Wir waren schon froh, wenn es einmal ein Stück Leberkäse mit Kartoffelpüree gab. Oft gab es einen undefinierbaren Brei, eine Art von Eintopf. Wer ihn nicht bis zum letzten Löffel aufessen konnte oder wollte, wurde am Abend mit Wasser und trockenem Schwarzbrot bestraft.

Damals kamen gerade die Jeans in Mode. Natürlich waren wir Mädchen alle begeistert, standen Jeans doch symbolisch für das Anderssein, für ein kleines Revoluzzertum. Das Tragen von Jeans war verboten, Zuwiderhandeln wurde genauso streng geahndet, als wäre man beim Rauchen erwischt worden. Übrigens waren auch ärmellose Shirts in Goldenstein verpönt. Und für Abhärtung sorgte die tägliche Körperpflege ausschließlich mit kaltem Wasser, nur alle 14 Tage durften wir ein warmes Wannenbad genießen.

ÜBER DIE FAMILIE.

Da fange ich am besten bei mir an. Mein Mädchenname ist Schwaighofer. Dieser Name ist laut unserem Stammbaum auf das Jahr 1440 zurückzuführen. Der Zimmerer-Meisterbetrieb meines Großvaters Matthäus war und ist der älteste im Bundesland Salzburg. Mein Großvater hatte vier Söhne: Josef, Matthäus, Hans und meinen Vater Gustav, die nach meinem Großvater Zimmerei, Baumeisterbetrieb und Sägewerk führten. So wie sich so mancher Hausname von der beruflichen Tätigkeit ableitet, hatten die Schwaighofers eben den Hausnamen „Zimmermeister", und damit in Verbindung war ich eben die „Zimmermeister Christl", obwohl ich Christiana heiße. Wenn auch der Zusatz „Zimmermeister" als Bezeichnung heute kaum mehr verwendet wird, die Christl ist mir jedenfalls geblieben.

1965 habe ich – bereits als Mutter meiner ältesten Tochter Gabi – meinen Franz geheiratet. Ab jetzt hieß ich Neuhofer, Schwaighofer war gestern. Ich zog zu ihm in die Haslau und wir lebten in dem Haus, in dem wir heute noch wohnen. Vier Generationen unter einem Dach. Oben Großmutter Theresia, die Schwiegereltern und Hilda, die jüngere Schwester von Franz, im Erdgeschoß Franz und ich und Tochter Gabi, die 30 Jahre lang im Büro unseres Unternehmens arbeitete, ehe sie sie sich mit medizinischer Fußpflege selbständig machte.

Franz ist der Zweitgeborene und heute CEO des am Weltmarkt führenden Leistenwerkes FN Neuhofer. Zwei Jahre nach Franz wurde Martin geboren, der im Unternehmen für den gesamten Einkauf und das Personal zuständig war und somit am Aufbau des Unternehmens stark beteiligt war, ehe er sich mit einer neuen Idee durchsetzte und heute ein eigenes Holz-Unternehmen mit dem Namen „Kraftholz" besitzt und führt. Eigentlich sollten die beiden Söhne ja das Leistenwerk gemeinsam führen, aber dafür sind ihre Philosophien von Wachstum und auch ihr Führungsstil zu unterschiedlich. Unser viertes Kind ist Caroline. Sie arbeitet mit großer Begeisterung im Marketing von FN Neuhofer.

ÜBER BERUFLICHE ERFOLGE UND RÜCKSCHLÄGE.

In mehr als drei Jahrzehnten haben mein Mann und ich es geschafft, aus dem einstigen 20-Mann-Unternehmen ein modernes Säge- und Hobelwerk zu formen. Um als Unternehmen wachsen zu können, braucht man vor allem den Zusammenhalt der ganzen Familie und die Bereitschaft, Gewinne wieder zu investieren. So schafften wir es an die Weltspitze der Leistenproduktion. Ein zweiter Faktor ist ständige Innovation, und das macht unser Sohn Franz hervorragend, in dem er jedes Jahr neue Patente anmeldet. Dass Investitionen auch zu schlaflosen Nächten führen können, weiß jeder Unternehmer. Bei uns war das nicht anders. Ich brauche nur daran zu denken, wie die Familie versucht hat, das Sägewerk zu erhalten. Leider ist das nicht gelungen. Die Wirtschaftslage war damals sehr schlecht und es mussten 25 Sägewerke im Bezirk Vöcklabruck zusperren. In ganz Österreich waren es etwa eintausend, die zusperren mussten.

Im Jahr 2000 haben wir mit einem großen Fest 350 Jahre FN Neuhofer gefeiert und gleichzeitig die Geschäftsführung an unsere Söhne Franz und Martin übergeben. Bei diesem Festakt war auch Karlheinz Böhm anwesend, dem wir aus Anlass unseres Jubiläums eine ansehnliche Spende für seine Hilfsorganisation „Menschen für Menschen" überreichten. Aber natürlich gab es auch Rückschläge. An einen in den 1970er Jahren erinnere ich mich noch ziemlich gut. Wir lieferten Schnittholz an eine Holzhandelsfirma, die wiederum den Transport nach Rijeka organisierte. Dort sollten LKW- und Waggonladungen auf ein Schiff kommen und an den Zielort in Saudi-Arabien gebracht werden, von wo wiederum der Weitertransport in verschiedene arabische Länder erfolgen sollte. Wir haben weder vom Schiff noch von der Fracht je wieder etwas gehört. Ich kann das bis heute nur mit einem Kopfschütteln kommentieren. Der gesamte Warenwert betrug 180 Millionen Schilling. Wir waren mit einem Verlust von 5 Millionen Schilling betroffen. Das war für uns alles andere als leicht zu verkraften.

Eines möchte ich zum Thema wirtschaftlicher Erfolg noch anmerken. Meine Mutter, eine gelernte Köchin, kochte als junge Frau im Hotel „Alter Fuchs" in der Salzburger Linzergasse. Später führte sie eine Pension. Sie lehrte mich das Kochen, wovon ich bis heute profitiert habe. So bekochte ich Kunden aus der ganzen Welt und wir speisten bei uns im Wohnzimmer, nachdem dort die Geschäfte für unsere Firma gemacht wurden.

ÜBER ROMY SCHNEIDER.

Obwohl Romy Schneider, deren Bekanntheit mit den „Sissy-Filmen" sprunghaft anstieg, das Mädcheninternat Schloss Goldenstein von 1949 bis 1953 besuchte und ich erst 1953 dorthin kam, erinnere ich mich gut an sie. Ihre Eltern hatten wegen ihrer Schauspielkarriere kaum Zeit für sie. Und das zeigte sich auch in Goldenstein. Wenn die anderen Kinder einmal nach Hause durften oder ein Besuchstag war, blieb Romy meist allein. Dennoch dürfte Romy in Goldenstein so etwas wie Heimat verspürt haben, denn sie besuchte uns nach ihrer Schulzeit öfter und erzählte aus ihrem Leben. Ihre „Sissy-Filme" weckten in mir auch das Interesse für die Geschichte der Habsburger, das bis heute anhält.

Eigentlich sollte sie (Romy Schneider, Anm.) nach Goldenstein in Köln eine Werkschule für Zeichnen und Malen absolvieren. Aber da kam ihre erste Fimrolle (mit ihrer Mutter Magda Schneider) im Heimatfilm „Wenn der weiße Flieder wieder blüht" dazwischen. Und von da an ging es beruflich steil bergauf, privat aber ging es bergab. Dennoch zeigte sie auch Goldenstein gegenüber ihr gutes Herz, indem sie dem Internat das erste Fernsehgerät kaufte.
(Aus: Christiana Neuhofer, Erinnerungen, S.27).

ÜBER DIE WIEDERRICHTUNG DER SAGERERMÜLLER-KAPELLE.

Bis 1945 war die Sagerermüller-Kapelle mehr als ein Jahrhundert die Kirche der Haslauer. Ursprünglich wurde sie im Jahre 1813 als kleine Hauskapelle der Sagerermühle errichtet.1845 wurde sie vom damaligen Besitzer Josef Neuhofer in ein kleines Kirchlein umgebaut. 1921 nahm die Familie Neuhofer mit einem Kostenaufwand von 30.000 Kronen eine Restaurierung vor, seit dieser Zeit wurde in diesem Kirchlein alljährlich eine Heilige Messe gelesen. Im Marienmonat versammelten sich die Haslauer täglich zur Maiandacht. Die Kirche bot rund 50 Personen Platz. Beim Hochwasser 1945 wurde die auf unserem Firmengelände stehende Kapelle weggerissen, nur der Altar blieb wie durch ein Wunder unversehrt. Der Wunsch, eine neue Kapelle zu errichten, war in unserer Familie schon länger angedacht, jedoch habe ich darauf gedrängt, dies so bald wie möglich umzusetzen. Als es in den 1980er Jahren wieder einmal darum ging, eine weitere Halle im Leistenwerk zu errichten, mischte ich mich in das „Männergespräch" ein und drängte auf die Errichtung der Kapelle. Das war mir als gläubige Christin wichtig. Gesagt, getan. Die neue Kapelle steht jetzt geschützt vor Hochwasser auf einer kleinen

Anhöhe und wurde am 21.8.1987 eingeweiht. Ich freue mich sehr, dass das gelungen ist und die Kapelle ein Ort für Einkehr und Betrachtung ist. Ich möchte erwähnen, dass uns der Grund für die Kapelle von der Familie Brandner („Entachern") zur Verfügung gestellt wurde und dass die Haslauer so viel an der Errichtung der Kapelle mitarbeiteten.

ÜBER SONSTIGE AKTIVITÄTEN.

Zunächst muss ich sagen, dass mir Traditionen schon lange ein Anliegen waren. In Zell am Moos habe ich dieses Anliegen noch vertieft. 15 Jahre war ich Obfrau der Zell am Mooser Goldhauben- und Kopftuchgruppe. Die Initiative zur Gründung ging damals von Barbara Radauer und mir aus.

Mit dem Heimatwerk in Linz habe ich die Zeller Tracht neu kreiert, die von den Zellerinnen gern getragen wird. Und der jährliche Trachtensonntag geht ebenfalls auf eine Initiative von mir zurück. Den schönen Ort Zell am Moos und die Menschen habe ich in all den Jahren lieben und schätzen gelernt.

Wordrap.

Wenn ich am Morgen aufwache…
…danke ich Gott, dass ich aufstehen kann. Dann frage ich meine Wehwehchen: „Seid ihr alle da?"

Meinen Kaffee trinke ich am liebsten…
…mit Milch und wenig Zucker.

Zu den Dingen, die ich nicht so gut kann, gehört…
…Ansprachen zu halten, weil ich sehr nervös bin.

Wenn ich etwas verlege, dann am ehesten…
…den Autoschlüssel.

Dafür habe ich mir zu wenig Zeit genommen:
Für mich selbst.

Dass man die Bundeshymne mit „Töchter/Söhne" singen soll, finde ich…
…okay.

Die oberösterreichische Landeshymne kann ich…
…auswendig.

Bei diesem Koch wäre ich gerne einmal „Häferlgucker":
Am liebsten würde ich einer Bäuerin beim Krapfen-Backen zuschauen.

Überraschen kann man mich mit…
…kleinen Geschenken.

Mein Lebensmotto:
Leben und leben lassen.

Pauline Neuhofer

Pauline Neuhofer (70), ehem. „Schnitzlwirtin"

Pauline Neuhofer, das Steirerdirndl mit großem Herz, war bis vor wenigen Jahren die „Schnitzlwirtin" von Zell am Moos. Zusammen mit ihrer Familie, vor allem mit Tochter Brigitte („Gitti") machte sie aus dem ehemaligen Mesnerhaus ein Speiselokal, das für seine Küche und vor allem für seine Mehlspeisen weitum bekannt und beliebt war. Lesen Sie auf den folgenden Seiten Persönliches über Pauline.

ÜBER IHRE HEIMAT EISENERZ UND IHRE FAMILIE.

Bis hinein in die 1950er Jahre lebten die Menschen in Eisenerz hauptsächlich von der Arbeit am Erzberg. Bis zu 4500 Menschen arbeiteten dort hart, die meisten unter Tage. Gegen Ende des Jahrzehnts schwanden aber die Arbeitsplätze, und es kam zu vielen Abwanderungen, die Bevölkerung schrumpfte um ein Drittel auf weniger als 4000. Ich lebte mit meinen Eltern und drei Geschwistern in einer Wohnung im 2. Stock eines Wohnhauses mit 14 Parteien. Der Vater war zum zweiten Mal verheiratet, brachte aus erster Ehe einen Sohn und eine Tochter mit. Ich hatte noch einen leiblichen Bruder. Meine Halbschwester ging früh nach Deutschland, wo sie bis zu ihrem Tod auch blieb. Zu viert lebten wir in der Wohnung, die aus einer Wohnküche und einem Schlafzimmer bestand. Mein Vater und meine zwei Brüder arbeiteten alle am Erzberg. Der Vater verdiente nicht schlecht, aber er bastelte neben der Arbeit noch Tiroler Häuschen aus Holz und Hackbretter, die er dann verkaufte. Mit dem Geld machten wir jedes Jahr im Sommer einen bescheidenen Urlaub in Trautmannsdorf in der Oststeiermark. Insgesamt kann ich sagen, dass ich eine wunderschöne Kindheit hatte. Oft ging ich mit dem Vater in die Berge um Eisenerz, und am Sonntag durften wir mit dem Stinneaufzug auf eine der riesigen Plattformen des Erzbergs fahren. Dort gab es ein Gasthaus, ich bekam dort Limonade und ein Paar Würstel.

ÜBER SCHICKSALSSCHLÄGE.

Unsere Familie wurde schneller zerrissen, als man das ahnen konnte. Die Halbschwester in Deutschland, der Halbbruder, der im Bergwerk als Sprengmeister gearbeitet hatte, wanderte in die USA aus und lebt bis heute in hohem Alter mit seiner aus der Schweiz stammenden Gattin in der Nähe von Seattle. Mein Vater starb 1978, mein leiblicher Bruder hatte 1990 einen tödlichen Arbeitsunfall am Erzberg. Daraufhin holte ich meine Mutter zu uns nach Zell am Moos, wo sie bis zu ihrem Tod lebte. Sie ist auch am Friedhof in Zell am Moos beerdigt. Und 2019 verstarb mein Mann Hans mit nur 70 Jahren.

ÜBER MONDSEE UND ZELL AM MOOS.

Ich absolvierte vier Jahre Volks- und vier Jahre Hauptschule in Eisenerz. Eine Lehre konnte ich danach nicht machen, weil es kaum Lehrstellen gab. Also meldeten mich meine Eltern am Grabnerhof in Admont an. Das war eine Art Haushaltungsschule, in der ich unter anderem auch das Kochen und Backen lernte. Nach den drei Jahren sagte eine Lehrerin zu mir, dass in Mondsee eine Mehlspeisenköchin gesucht würde. Das empfand ich als Chance, weil ich ja in meiner Heimat keine Arbeitsstelle gefunden hätte. Also kam ich mit 18 Jahren nach Mondsee, hatte aber vorher weder von Mondsee noch von Zell am Moos etwas gehört. Meine erste Station war das Leitnerbräu am Marktplatz Mondsee, wo ich allerdings nicht nur für die Mehlspeisen zuständig war, sondern auch für Hauptspeisen. In dieser Zeit lernte ich auch meinen 2019 verstorbenen Mann Hans kennen. Obwohl noch gar nicht richtig auf eine dauerhafte Beziehung eingestellt war, zog ich zu ihm nach Zell am Moos und wir heirateten bald danach.

ÜBER GASTRONOMISCHE ANFÄNGE.

Das alte Mesnerhaus trug seinen Namen, weil es einmal die Schlafstatt der Mesner war, die nach dem Umbau des Pfarrhofes keinen Platz mehr dort hatten. Das ist viele Jahrhunderte her. Später war das Haus dann ein Bauernhaus mit Stall. Wir bauten den Stalltrakt um und machten Fremdenzimmer daraus. Das war Anfang der 1970er Jahre, mit der Zimmervermietung begannen wir 1975. Ein Jahr später begannen wir mit der Weinstube. Das ging zwar im Sommer ganz gut, aber im Winter war es zum Leben einfach zu wenig. Ich wusste, dass ich, wenn ich das Haus auf breitere gastronomische Beine stellen wollte, die Konzessionsprüfung ablegen musste. Die schaffte ich mit Fleiß, aber trotzdem war der Anfang unseres Gasthauses schwer. Immerhin gab es in Zell am Moos ja bereits zwei große und anerkannte Wirtshäuser.

ÜBER DEN „SCHNITZLWIRT".

Ich kann mich erinnern, dass es einmal in Zell am Moos eine Aktion „Pro Zell am Moos" gab, bei der die Nahversorgung propagiert und gestärkt werden sollte. Unter anderem gab es sogenannte „Erdäpfelwochen", bei denen auch wir als Gasthaus Neuhofer teilnahmen. Der Erfolg war leider nicht besonders. Ungefähr zur gleichen Zeit war Gitti mit einer Freundin in Wien und besuchte zufällig ein Lokal mit dem Namen „Schnitzlwirt". Sie kam zurück und machte den tollen Vorschlag, dass wir auch einen „Schnitzlwirt" machen sollten. Gesagt, getan. Das neue

Konzept schlug ein wie eine Bombe. Des Österreichers liebste Speise in allen Varianten, vom Riesen-Wiener mit Kartoffelsalat, über das Holsteinschnitzel mit Spiegelei bis hin zum Hawaii-Schnitzel mit Ananas-Scheiben, das mochten die Leute. Was ich nicht verschweigen möchte: Die Arbeitsbelastung von Gitti und mir stieg um ein Vielfaches an. Umso mehr, als wir seit 1983 auch das Badebuffet beim Öffentlichen Badeplatz betrieben und seit 1989 auch Flüchtlinge beherbergten.

ÜBER FLÜCHTLINGE.

Weil im Winter die Fremdenzimmer kaum genutzt waren, haben wir uns damals erkundigt, ob wir nicht Flüchtlinge nehmen könnten. Weder Gitti noch ich hatten damals eine Ahnung, wie sich das entwickeln würde. Ich weiß noch, dass die ersten Flüchtlinge aus Rumänien kamen, die waren bettelarm. Ihr ganzes Hab und Gut hatte in zwei Plastiksackerln Platz. Später hatten wir dann Flüchtlinge aus der ganzen Welt, bis Sri Lanka und Nepal. Wie sie geschickt wurden, so haben wir sie genommen. Natürlich muss man auch den Umgang mit Flüchtlingen lernen, etwa, welche Nationen zusammenpassen und welche nicht. Gitti und ich haben das gelernt. Immerhin haben wir uns 30 Jahre lang sieben Tage in der Woche um sie gekümmert. Heute haben wir vor allem Syrer und Afghanen im Haus. Ich mag sie alle, wir sind wie eine große Familie. Und wir helfen ihnen, wo wir können.

Wir kochen nicht mehr, sondern es stehen den Asylwerbern zwei Küchen zur Verfügung, die sie auch selbst täglich putzen müssen. Der Grund ist, dass Araber ganz anders kochen als wir. Deshalb bekommen sie Taschengeld und können damit Lebensmittel nach ihrer Wahl einkaufen.

ÜBER PAULINES LIEBSTES HOBBY.

Für meine Mehlspeisen war ich schon bekannt, als wir noch das Badebuffet am See hatten. Vor allem für den Marillenkuchen und die Cremeschnitten. Gelernt ist eben gelernt. Das Backen ist mein Hobby geblieben. Schwarzwälder-Kirsch-Torten, Obst- und Schokotorten und viele andere. Und Gitti macht unnachahmliche Kardinalschnitten.

ÜBER ENGEL.

Ich habe in meinem Haus viele Engel, die mich beschützen und mir Kraft geben. Deshalb habe ich auch vor nichts Angst. Meine Engel geben mir Kraft und Halt, deshalb bin ich auch mit meinem Leben zufrieden, schaue positiv in die Zukunft und bin versöhnlich, auch wenn ich manches Mal schimpfen muss. Jeden Abend danke ich Gott für den Tag, den er mir geschenkt hat.

ÜBER GESUNDHEITSBEWUSSTSEIN:

Ich lebe gesund, rauche nicht und trinke keinen Alkohol. Auch versuche ich, gesund zu essen. Über den Tag verteilt trinke ich Ingwer-Tee mit Zimt, Zitrone, Nelken und Rosmarin. Außerdem nehme ich viele Naturprodukte von Robert Franz. Somit, denke ich, passt das ganz gut für mich.

ÜBER FREUNDE.

Für Freunde haben wir in den letzten Jahrzehnten nie wirklich Zeit gehabt. Wir haben eigentlich nur die Küche und das Gastzimmer gekannt. Jetzt haben wir unseren Seniorenstammtisch, mit dem wir immer wieder Ausflüge machen. Salzburg, Wien, Passau, Bad Reichenhall und so weiter. Früher bin ich zweimal pro Jahr nach Heviz in Ungarn gefahren. Das Wasser dort linderte meine Kreuzschmerzen. Das werde ich wieder machen, denke ich.

ÜBER DAS LOSLASSEN KÖNNEN.

An und für sich habe ich kein Problem damit, etwas loszulassen. Im Gasthaus und im Badebuffet war es aber etwas anders. Wir mussten mitten in der Saison aufgeben, weil wir einfach kein Personal mehr hatten. Das war schon sehr traurig, weil wir uns wirklich so lange um Mitarbeiter bemüht und wirklich gute Konditionen geboten hatten. Wenn ich ehrlich bin, muss ich sagen, dass ich noch immer trauere. Wir haben die Gastronomie ja doch mit sehr viel Liebe betrieben.

Wordrap.

Mein Frühstück besteht meistens aus…
…Butter, Marmelade, ein weiches Ei, eine Semmel und Kaffee.

Wenn ich Zeitung lese, dann am liebsten…
…die Kronenzeitung.

Nicht aufhören kann ich, wenn ich…
…Mon Cheri esse.

Ein Talent, das mir fehlt:
Singen

Mein Vater hat zu mir gesagt:
Du musst gut kochen und den Haushalt führen können.

Mit diesen drei Begriffen würde ich einem Blinden mein Äußeres beschreiben:
Blond, lange Haare, 1,70 Meter groß.

Auf meinem Nachtkästchen sind…
…ein Engel, ein Wecker und Schlaftabletten.

Den Text der steirischen und oberösterreichischen Landeshymne kenne ich…
…gut.

Manchmal wundere ich mich…
…was ich früher alles geschafft habe.

Günther Pfarl

Günther Pfarl (45),
Bürgermeister der Gemeinde Zell am Moos

Als der in Aurach gebürtige und mit einer Frau aus Zell am Moos verheiratete Günther Pfarl 2021 Bürgermeister von Zell am Moos wurde, galt er zwar als vielfältig engagiert, politisch aber weitgehend als unbeschriebenes Blatt. Mittlerweile hat sich das geändert, denn seine bisherigen Aktivitäten wie die Friedhofsanierung, aber auch der Kirtag in Haslau und der Adventmarkt am Irrsee haben ihm viel Lob eingebracht.

Fragen zum Menschen Günther Pfarl und zu seinem Blick auf Zell am Moos.

ÜBER MICH SELBST.

Geboren wurde ich am 6.12.1978 im Krankenhaus Vöcklabruck, aufgewachsen bin ich in Aurach. Mein Elternhaus ist ein Gasthaus, das mein Bruder Manuel führt. Man kann also sagen, dass ich ein Wirtsbua bin. Nach der Volksschule in Aurach habe ich die Hauptschule Schörfling besucht und danach ein Jahr die landwirtschaftliche Fachschule in Vöcklabruck. Dann habe ich bei der Firma Schobesberger in Regau eine Elektrolehre absolviert.

ÜBER KENNENLERNEN, HEIRAT UND
FAMILIENGRÜNDUNG.

Ich habe Zell am Moos eigentlich vom Fußballspielen her gekannt. An einem Mittwoch im Jahr 2004 hatten wir ein Nachtragsspiel gegen die Zeller Fußballer in Zell. Nach dem Spiel sind wir noch länger in der Kantine gesessen. Da habe ich meine spätere Frau Regina erstmals gesehen. Und ich war sofort überzeugt, dass sie meine Gattin wird. Dann ging alles ganz schnell. Im September 2004 bin ich schon bei ihr eingezogen, 2005 haben wir uns verlobt und ein Jahr später geheiratet. 2007 haben wir das Haus umgebaut. 2012 wurde unser Sohn Leo geboren, 2013 unser Sohn Matteo.

ÜBER DAS BESONDERE AN ZELL AM MOOS.

Für mich ist das Besondere an Zell am Moos zunächst einmal, dass es ein absolutes Naturjuwel ist und seinen dörflichen Charakter bewahren konnte. Das zweite Besondere sind die Menschen, das Miteinander und auch ihr Mittun bei verschiedenen Aktivitäten. Einen Unterschied zu meiner Heimatgemeinde Aurach kann ich nicht feststellen, weil ich schon zu lange weg bin. Ich denke aber, dass die beiden Gemeinden sowohl von ihre Struktur wie auch von den Menschen her ähnlich sind.

ÜBER SEIN BÜRGERMEISTERAMT.

Es ist richtig, dass ich einmal in einem Interview gesagt habe, dass mir das Bürgermeisteramt zehn Jahre zu früh kommt. Heute bin ich froh, dass es so gekommen ist, wie es ist. Natürlich hat so ein Amt viele schöne Seiten, aber auch schwierige Herausforderungen. Als Beispiel erwähne ich, dass wir in Zell am Moos 17 verschiedene Bebauungspläne haben. Das bringt natürlich Probleme, weil nicht jeder verstehen kann, dass er kein Flachdach aufsetzen darf, der Nachbar einhundert Meter weiter hinten aber schon. Ich versuche einfach, die Dinge so zu erklären, wie sie sind. Insgesamt ist es eine sehr zeitaufwendige aber auch sehr erfüllende Aufgabe. Ich übe das Bürgermeisteramt als hauptberufliche Tätigkeit aus, bin täglich im Gemeindeamt und freue mich jeden Tag auf die neuen Aufgaben.

ÜBER FINANZIELLE HERAUSFORDERUNGEN DER GEMEINDE.

Die finanzielle Situation der Gemeinde ist nicht gut. Die Pflichtausgaben der Gemeinde sind sehr vielfältig, wir zahlen für den Sozialhilfeverband und die öffentlichen Krankenanstalten jährlich insgesamt 1,3 Mio Euro. Darüber hinaus fallen enorme Kosten für die Bildung (Gastschulbeiträge für Pflichtschulen und Berufsschulen) sowie für die Kinderbetreuung an. Die Pflichtausgaben der Gemeinden sind in den letzten Jahren enorm gestiegen, während die Einnahmen aus den Bundesertragsanteilen stagnieren oder sogar rückläufig sind. Seitens des Bundes und des Landes vermisst man die Wertschätzung und die Unterstützung der Gemeinden. Daher werden die Rahmenbedingungen für die Gemeinden auch immer schwieriger.

Dazu kommt, dass zugesagte Förderungen des Bundes erst nach entsprechender Intervention ausbezahlt wurden und so manche Förderung, mit der man rechnen durfte, sich im Nachhinein etwas anders darstellte als von uns vorausberechnet.

Trotzdem müssen wir dringende Projekte der Gemeinde einer raschen Umsetzung zuführen. Das sind der Ankauf eines TLF-Löschfahrzeuges, die Sanierung der Volksschule und der Ankauf von zwei Wohnungen in der ehemaligen Pension Fischer, die von einem örtlichen Bauträger erworben wurde und zu einem Mehrparteienwohnhaus umgebaut wird. Die angekauften Wohnungen sollen in Zukunft für die Unterbringung einer Gemeindearztpraxis verwendet werden. Für diese Projekte müssen wir sowohl Rücklagen in der Höhe von 400.000 Euro auflösen als auch einen Bankkredit in der Höhe von knapp einer Million Euro bei einer Verzinsung von 3,7 Prozent für die ersten 15 Jahre aufnehmen. Wir werden alles unternehmen, um in den nächsten Jahren den unerfreulichen Status einer Abgangsgemeinde zu verhindern.

ÜBER ERREICHTES UND GEPLANTES.

Wenn wir die genannten drei Projekte im Jahr 2024 durchbringen, können wir zufrieden sein. Andere Projekte müssen leider warten. Dazu gehören der geplante Spielplatz für die Kids, aber auch der Umbau des Kabinengebäudes der Union bei gleichzeitiger Schaffung von mehr Stauraum, sowie der Ankauf eines Grundstückes zur Vergrößerung der Garten- und Spielfläche im Kindergarten. Diese Vorhaben werden in Angriff genommen, sobald die finanziellen Voraussetzungen geschaffen sind. Mein Ziel und Wunsch wäre es, dass auch diese Projekte noch in dieser Legislaturperiode realisiert werden können.

„Wir haben derzeit zwischen neunzig und einhundert gewidmete Grundstücke, die auch schon an neue Besitzer gegangen, aber noch nicht bebaut sind. Wir werden natürlich weiterhin umwidmen, allerdings nur im Sinne unseres Baulandmodells. Das heißt, für jede gewidmete Parzelle eine, die wir als Gemeinde als begünstigt an Einheimische vergeben können." (Bürgermeister Günther Pfarl in einem OÖN-Interview am 20.10.2022)

ÜBER WINDRÄDER.

Das wird eine große Herausforderung. Ich stehe diesem Thema in unserer Region kritisch gegenüber. Die Errichtung von Windrädern würde einen großen Einschnitt in unsere schöne Landschaft und insbesondere für das Naturschutzgebiet Irrsee bedeuten. Mir ist bewusst, dass wir in Zukunft alternative Energieformen brauchen. Allerdings nicht um jeden Preis und nicht in einer Region, welche vom Tourismus und von der Schönheit der Natur, insbesondere vom Naturjuwel „Irrsee", lebt.

Meiner Meinung nach sollte man andere Energieformen wie Photovoltaik oder Wasserkraft noch stärker nutzen, ehe man an Windräder denkt.

ÜBER BÜRGERNÄHE.

Es ist meine Philosophie, den Menschen bei ihren Anliegen zuzuhören. Danach sage ich, wie ich die jeweilige Angelegenheit sehe. Und dann schauen wir, ob und wie ich helfen kann oder ob ein Kompromiss möglich ist. Das funktioniert in der Regel sehr gut. Der tägliche Kontakt zu den Gemeindebürgern ist mir sehr wichtig. In den zahlreichen persönlichen Gesprächen erfährt man sehr viel über die Wünsche und Anliegen der Menschen und es ist ein gutes Gefühl, wenn man helfen kann.

ÜBER RÄDCHEN, AN DENEN MAN IN ZELL DREHEN MUSS.

Das ist einfach zu erklären. Wir müssen daran arbeiten, dass sich noch viel mehr Menschen in unserer Gemeinde an der Entwicklung beteiligen. Das klappt zwar schon sehr gut, aber ich sehe hier noch viel Luft nach oben. Ich freue mich über jede Anregung, aber auch über konstruktive Kritik, die von Menschen in unserer Gemeinde kommt.

Große Herausforderungen werden in Zukunft sein, die Kinderbetreuung sicherzustellen, unsere Betriebe bzw. neue Betriebsformen zu unterstützen, damit viele Menschen in unserer Gemeinde einen Arbeitsplatz haben, leistbares Wohnen zu ermöglichen, die Vereine und das Vereinsleben zu fördern und für unsere älteren Mitbürger soziale und ausgewogene Lebensbedingungen inklusive der notwendigen Pflege zu schaffen.

Diese Herausforderungen können nur schrittweise und mit entsprechender Unterstützung von Land und Bund umgesetzt werden. Hier ist die gesamte Politik in unserem Land gefragt, die Gemeinden als kleinste und wichtigste Ebene mit ihren vielfältigen Aufgaben und Möglichkeiten stärker finanziell zu unterstützen. Denn jeder Mensch in Österreich lebt in irgendeiner Gemeinde und alles, was die Gemeinden schaffen, kommt den Bürgern direkt zugute.

Wordrap.

Wie der Morgen bei mir beginnt…
…mit einem Lächeln, weil ich mich auf die Begegnung mit Menschen freue.

Mein Frühstück besteht aus…
…mit einem Glas Wasser.

Nach Aurach fahre ich…
…einmal im Monat.

Aus der Ruhe bringt mich…
…eigentlich nichts.

Das Car-Sharing ist ein…
…ausbaufähiges Projekt.

Momentan lese ich…
…Social Media und Zeitungen.

Fußball oder Schi?
Schi.

Leberkäse- oder Schinkensemmel?
Leberkäsesemmel.

Mein politisches Vorbild ist…
…Thomas Stelzer.

Eine Stärke von mir ist…
…für die Menschen da zu sein.

Eine Schwäche von mir ist…
…von einer gefassten Meinung einmal abzugehen.

Einen Zusammenschluss der Gemeinden rund um den Irrsee würde ich…
…nicht grundsätzlich befürworten.

Josef Pöckl

Josef Pöckl (64), Pensionist, Schnapsbrenner, Vizebürgermeister a.D.

Dieser Mann eroberte vor wenigen Jahren den Olymp der Schnapsbrenner. Seine feinen Destillate gelten als besonderer Genuss für jeden Gaumen. Josef Pöckl hat aber auch sonst viel zu erzählen.

ÜBER SEINE FAMILIE.

Unser Bauernhof ist seit 250 Jahren in Familienbesitz. Warum der Name „Bauernfeind"? Weil es einmal einen Besitzer namens Bauernfeind gab, ehe der Hof in unsere Familie kam. Aber der Name „Bauernfeind" ist uns als Hausname geblieben, hat aber mit Feinden von Bauern überhaupt nichts zu tun.

Der Vater war der ansässige Bauer, meine Mutter stammt vom oberen Talbauern (Familie Dorfinger). Ich habe mit Maria und Aloisia zwei Schwestern. Meine verstorbene Frau stammte Maria („Ridi") vom „Engelbert" (Familie Schindlauer) ab. Mit ihr habe ich drei Töchter.

ÜBER KINDHEIT, JUGEND, ARBEIT UND HOBBIES.

Eigentlich bin ich von Kindheit an geprägt vom Stall. Ich sehe noch die Pferde im Stall vor mir, auch den ersten Traktor. Ich bin dankbar, dass ich das alles erleben durfte, vor allem die Technisierung in der Landwirtschaft. Es ist einfach unglaublich, was sich in den letzten Jahrzehnten im Bereich der Landwirtschaft getan hat. Ich war zuerst Nebenerwerbslandwirt, aber in den vergangenen 30 Jahren im Vollerwerb. Eigentlich habe ich ja Mechaniker gelernt, aber das Spenglern und die giftigen Dämpfe haben meine Leber und Lunge angegriffen. Deshalb musste ich aufhören. Dann haben wir die Landwirtschaft ausgebaut. Früher hatten wir zehn Milchkühe, heute sind es zwischen 65 und 70 Kühe. Wir haben viele Flächen gepachtet, jetzt produzieren wir biologische Heumilch. Die Situation in der Landwirtschaft ist nicht leicht und ohne die richtige Einstellung zur Arbeit in und mit der Natur geht nichts. Ich war 50 Jahre täglich im Stall, aber seit Oktober 2023 haben wir einen Melkroboter. Jetzt brauche ich nicht mehr so viel in den Stall zu gehen, es ist schon ein etwas komisches Gefühl. Ich gehe auch in gemäßigter Form zur Jagd. Das Wild zu beobachten kommt bei mir vor dem Schießen. Es ist einfach ein schönes Gefühl, am frühen Morgen in der Natur zu sein und das Wild zu beobachten. Ein wichtiges Hobby von mir ist auch die Schnapsbrennerei.

ÜBER POLITIK.

Ich hatte immer den Wunsch, in Zell am Moos etwas mitgestalten zu können. Egal, ob als Gemeinderat, Vizebürgermeister oder Bürgermeister. Ich denke, ich konnte als Obmann des örtlichen Raumordnungsausschusses einiges bewegen, zum Beispiel ein Baulandsicherungsmodell für Einheimische. Weiter ins Detail möchte ich nicht gehen. Aber ich kann mich an die Diskussionen rund um das Einkaufszentrum erinnern, das an der Bundesstraße 154 errichtet werden sollte. Da gab es viele Diskussionen, vor allem in der ÖVP-Fraktion. Letztlich wurde das Einkaufszentrum auf der Basis eines 16:3-Beschlusses errichtet. Die drei Gegenstimmen kamen übrigens von der ÖVP.

Mein größtes Projekt war das Nahwärme-Heizkraftwerk, bei dem wir 2023 das 30jährige Jubiläum feierten. Auch da gab es harte Diskussionen. Ich möchte nur sagen, dass wir das Projekt ohne Dr. Palzinsky von der „Liste Zell am Moos" nicht geschafft hätten. Er machte uns ständig Mut und gab uns große Unterstützung. 1993 wurde die Genossenschaft gegründet, zwei Jahre später erfolgte der Spatenstich und 1996 konnten wir mit dem Anschluss von 70 Häusern starten. Heute sind etwa 150 Objekte angeschlossen. Ich muss ganz ehrlich sagen, dass ich für meine Arbeit bei meinem Abschied auch belobigt wurde, nämlich durch das österreichische Verdienstkreuz der Republik Österreich und das Goldene Ehrenzeichen der Gemeinde Zell am Moos. Den Grund für meinen Rückzug will ich nicht verschweigen, es war die Erkrankung meiner geliebten Frau Maria.

ÜBER KRANKHEIT UND TOD.

Es war Sonntag früh, der 15.7.2018, da sagte Maria („Ridi") beim Frühstück zu mir: „Mir ist etwas komisch." Ich antwortete, sie solle mit mir eine Kleinigkeit essen und etwas trinken. Sie wurde ja kurz darauf von Freundinnen zum Frühstück abgeholt. Nach einer halben Stunde kamen sie zurück. Ridi konnte nicht mehr sprechen. Dann ging alles ganz schnell. Notarzt, Rettungshubschrauber. Ich war wie paralysiert. Von der Doppler-Klinik in Salzburg wurde sie später nach Linz überstellt. Die Diagnose war Gehirntumor. Nach einer Gehirnblutung folgte eine Operation, danach ging es ihr eine Zeitlang wieder besser. Sie lernte auch wieder zu sprechen. Ich habe mich im Internet nach alternativen Behandlungsmethoden erkundigt und bin dabei auf Cannabis und Methadon gestoßen. Nach Rückfrage bei meinem Schwager, Dr. med. Wolfgang Schindlauer, habe ich Maria das Methadon in entsprechender Dosis verabreicht. Das habe ich aber auch mit den Ärzten in Linz kommuniziert. Der Erfolg der Methadon-Therapie war verblüffend. Die Krebszellen verschwanden. Nur ein Arzt war total gegen das Methadon. Er beschimpfte mich in übler Art und Weise und dürfte auch meine Frau entsprechend beeinflusst haben. Jedenfalls hat sie mit dem Argument, der Arzt würde es schon auch wissen, was gut für sie sei, die weitere Einnahme von Methadon verweigert. Zwei Monate später waren die Krebszellen wieder da. Mehr möchte ich dazu gar nicht sagen, nur dass meine Ridi am 12.11.2019 verstorben ist. Ihr Leidensweg dauerte also nicht ganz eineinhalb Jahre

ÜBER DIE GEHEIMNISSE DES SCHNAPSBRENNENS.

Zunächst einmal braucht man als Grundprodukt saubere und reife Früchte. Bei süßen Früchten ist es so, dass sie dazu neigen, Säurebakterien freizusetzen, die dann den natürlichen Gärungsprozess stören. Mit der Beimengung von Hefe kann man das verhindern. Ein zweiter Punkt ist das Brennen. Hier darf man nicht geizig sein. Der Vor- und der Nachlauf gehören ausgeschieden, sodass nur mehr das Herzstück bleibt. Ich persönlich habe eine Vorliebe für heimische Obstsorten, ganz besonders für alte wie etwa die Kletznbirne. Ich mache auch Geiste aus Mandarine, Orangen, Himbeeren und Schlehen. Beim Vogelbeerschnaps, den ich auch brenne, gibt es sehr viel Arbeit. Man muss die Vogelbeeren sehr sorgsam abrebeln und man hat nur einen geringen Ertrag. Aus einhundert Kilogramm Vogelbeeren gewinne ich etwa eineinhalb Liter Schnaps. Mein Hauptprodukt ist natürlich der Zwetschkenschnaps. Früher hatten wir einhundert Zwetschkenbäume, heute sind es nur noch 40 Bäume. Ich verkaufe meine Schnäpse ab Hof und auf Märkten. Erhältlich sind sie aber auch im Gasthof Seewirt und im Cafe Braun in Mondsee. Aber der Verkauf ist sicher noch ausbaufähig.

„Als ich mich zum ersten Mal entschlossen habe, Proben meiner Produkte zur Bewertungsstelle nach Wieselburg zu schicken, wollte ich eigentlich nur wissen, was Experten zu

meinen Bränden sagen, denn bislang hatte ich ja nur positive Rückmeldungen aus meinem Freundeskreis." Josef Pöckl in einem Interview mit den OÖN, 25.7.2023.

ÜBER ZUKUNFTSPLÄNE.

Ich habe mir ein Elektrofahrrad gekauft, das ich für kleinere Radtouren nutzen will. Weiters habe ich mit Rosi wieder eine sehr liebe Frau gefunden, die sehr viele Ähnlichkeiten mit meiner verstorbenen Ridi hat. Reisen war schon immer mein Faible, und das wird auch in Zukunft so sein. Mit meiner Ridi etwa war ich in den USA und in Kanada. Und zuletzt war ich mit meiner Freundin Rosi in Frankreich.

ÜBER GESUNDE ERNÄHRUNG.

Ich esse nur wenig Kohlehydrate, aber viel Gemüse und Obst. Das beginnt schon am Morgen beim Frühstück. Fleisch gibt es bei mir nicht mehr so viel wie früher. Meine Frau Maria hat nur mit biologischen Zutaten gekocht und sehr fettarm. Jetzt kocht meine Tochter Steffi nach den gleichen Prinzipien. Ich konnte schon einige Kilos abnehmen.

ÜBER DIE ZUKUNFT VON ZELL AM MOOS.

Wenn man die Situation vorausschauend beurteilt, dann würde ich sagen, dass die Zukunft sicher positiv zu beurteilen ist. Von kurzfristigen Aktionen würde ich allerdings abraten. Alles, was geplant wird, sollte in ein Gesamtkonzept passen. Aber im Vergleich zu anderen Gemeinden sind wir sehr gut aufgestellt. Ich würde mir wünschen, dass sich die Verantwortlichen auf ein Gesamtkonzept verstehen, dieses beherzigen und ganz besonders die Ressourcen schonen.

Wordrap.

Das größte Geheimnis des Schnapsbrennens ist,…
…eine gute Sensorik für den Brennvorgang zu haben.

Der Sechser in meinem Alter bedeutet mir…
…nicht mehr als eine Nummer.

Weihnachten ist für mich…
…das schönste Fest im Jahr.

Urlaub ist für mich…
…wichtig, um mich zu erholen. Aber ich gebe zu, dass ich nach Jahrzehnten täglicher Hofarbeit das Urlaubmachen erst lernen musste.

Was ein ungutes Gefühl in mir weckt: Hagel, Gewitter, Sturm, Hitze?
Alle vier Bereiche beunruhigen mich.

Kaum glauben kann ich,…
…dass das Leben so rasch vergeht.

Über Politik diskutiere ich…
…ganz gern.

Wenn ich am Morgen aufstehe, denke ich zuerst an…
…die Herausforderungen des Tages, an meine Kinder, meine verstorbene Frau Ridi und an Rosi.

Diese Musik liebe ich:
Hubert von Goisern.

Diesen Wunsch möchte ich mir noch erfüllen:
Eigentlich bin ich wunschlos glücklich. Meine Lebensziele habe ich erreicht. Alles andere sehe ich gelassen.

Matthias Radauer

Matthias Radauer (69), Gastronom i.R.

Matthias Radauer ist ein Mann mit vielen Talenten, aber auch vielen Brüchen in seinem Leben. Vielleicht macht gerade das sein Leben so interessant. Als Organisator von Sportwochen, aber auch als Tennis-Unternehmer und langjähriger Tourismusobmann setzte er zahlreiche Impulse für die Region, ehe er die „Dorferwirtin" Christine (†) heiratete und Zell am Moos verließ. Er gilt als waschechter Zeller, lebt aber heute auf der anderen Seite des Irrsees. Wohl aber mit Blick auf sein Heimatdorf.

ÜBER DIE „WILDEN SIEBZIGER JAHRE"
ALS UNTERNEHMER.

Es ist schon richtig, die 1970er und auch die 1980er Jahre waren für mich als Neu-Unternehmer tatsächlich „wilde Jahre". Ich hatte ja zunächst die landwirtschaftliche Fachschule in Vöcklabruck besucht. Aber ich kann sagen, dass meine Liebe zu Ackerbau und Viehzucht nicht allzu groß war. 1975 baute ich in Eigenregie zwei Tennis-Freiplätze. Das waren immerhin 1.600 Quadratmeter, wo ich per Hand Schotter, Schlacke und Sand aufschüttete und dann mit einer Handwalze festigte. Als Autodidakt habe ich entsprechendes Lehrgeld bezahlt, zum Beispiel, weil der Sand in der groben Schlacke durchsickerte und verschwand. Nichtsdestotrotz waren die beiden Tennisplätze von Beginn an unglaublich gut besucht und Wartezeiten von mehr als einer Woche waren keine Seltenheit. Österreich erlebte damals einen Tennisboom auf allen Ebenen.

ÜBER SPORTWOCHEN UND TENNIS.

1979 errichtete ich die Tennishalle und begann gleichzeitig, Sportwochen in Zell am Moos zu bewerben. Angeboten habe ich Tennis, Reiten, Segeln und Surfen am Irrsee. Damals gab es Sportwochen nur in den höheren Schulen. Aber mein Angebot schlug sofort ein, vielleicht auch deshalb, weil ich immer konkrete Angebote machte und man einfach wusste, was man zu zahlen hatte, wenn man bestimmte Leistungen in Anspruch nimmt. Diese finanzielle Transparenz war mir sehr wichtig. Bis zu 250 Personen waren pro Woche in den Monaten Mai und Juni sowie September durch die Sportwochen in Zell am Moos, und ich beschäftigte eine Zeitlang sogar drei Tennislehrer. Seit 1980 hatte ich notgedrungen auch einen eigenen Reitstall bei unserem Bauernhof. Ein in der Nähe befindlicher Reitstall, bei dem ich die Sportwochenkurse gebucht hatte, stellte kurzfristig den Betrieb ein. Ich musste also sofort handeln, und so wurde in zwei Monaten aus dem Kuhstall unseres Hofes mit Zustimmung und Unterstützung meiner Eltern ein Reitstall. Alles, was man für einen Reitstall brauchte, kaufte ich von einem Bauern in Litschau. Eigentlich waren die Jahre mit den Sportwochen ein Hasardspiel mit meiner Gesundheit. Ich fuhr die Gäste per Bus zu den einzelnen Sportstätten, organisierte Discoabende für die Schülerinnen und Schüler in der Königsbar in Mondsee, saß oft halbe Nächte mit den Pädagoginnen und Pädagogen zusammen, und am Wochenende kamen dann noch andere Tennisgruppen. Meine Hauptnahrungsmittel waren damals Kaffee und Zigaretten. Die Folge war klar: Eines Tages kam es zu einem völligen Zusammenbruch meines Kreislaufsystems.

Es lief bis dahin eigentlich hervorragend, aber nichts währt ewig. Dass die Sportwochen letztlich von mir eingestellt wurden, kann ich vor allem auf zwei Umstände zurückführen: Zum einen wurde auf dem Privatgewässer Irrsee ein Surfverbot verhängt, das natürlich eine Sportart von den Sportwochen in Zell am Moos ausschloss. Alternativ brachten wir die Segler und Surfer nach Mondsee, was natürlich mit einem erheblichen Aufwand verbunden war. Und das zweite war ein eklatanter Rückgang der Pensionsbetten in Zell am Moos. 1992 hatte ich das Tennisstüberl noch umgebaut, zwei Jahre später beendete ich aber die Sportwochen. Jedenfalls habe ich in all den Jahren durch die Sportwochen die Vor- und Nachsaisonen in Zell am Moos mit bis zu 25.000 Schülerinnen und Schülern belebt. Eine genaue Statistik gibt es darüber nicht, weil Schulsportwochen befreit von einer Tourismusabgabe sind und deshalb auch in keiner Statistik aufscheinen.

ÜBER FEHLER, DIE ER KEIN ZWEITES MAL MACHEN WÜRDE.

Ich habe beim Umbau meiner Tennisanlage viel zu viel Beratern vertraut und mich auch zu viel beeinflussen lassen. Außerdem habe ich die Fortschritte beim Umbau zu wenig kontrolliert. Und beim Projekt selbst war ich einfach zu euphorisch. Das Resultat war, dass der Umbau das Doppelte des ursprünglich angenommenen Preises gekostet hat.

Wenn mich heute jemand fragt, welche Erfahrungen ich bei meinem Umbau gemacht habe und weitergeben kann, dann würde ich Folgendes sagen:

- Tätige grundsätzlich keine blauäugigen Investitionen.
- Dein Vertrauen in Berater sollte nie grenzenlos sein.
- Erkundige dich genau über Firmen, die du für den Umbau brauchst.
- Beauftrage – wann immer möglich – heimische Firmen.

Jene Firma, die ich mit dem Umbau beauftragt hatte, machte einen Pfusch nach dem anderen. Ich musste bei Gericht eine Baueinstellung beantragen, weil es nicht mehr so weiterging. Die Folge war dann eine notwendige Totalsanierung durch eine heimische Firma. Ich habe natürlich alles bezahlt, weil ich zu meiner Verantwortung stehen wollte. Aber insgesamt war mir das eine Lehre für mein Leben.

ÜBER WINDRÄDER AM SAURÜSSEL UND AM LEMBERG.

Derzeit ist es eher ruhig um die geplanten Windräder geworden. Wenn ich aber an den Saurüssel und auch an den Lemberg denke, dann sehe ich zunächst den touristischen Aspekt. Der Gast kommt zu uns wegen der Ruhe und der Natur. Dieses Erlebnis einer phantastischen Kulturlandschaft ist aber weg, wenn am Saurüssel Windräder gebaut werden. Gleichzeitig möchte ich aber betonen, dass ich nicht gegen „saubere Energie" bin und auch nicht gegen Windräder. Sie dürfen nur nicht in sensiblen Kulturlandschaften errichtet werden. Ich möchte auch erwähnen, dass der „Dorferwirt" jetzt eine riesige Photovoltaik-Anlage auf seinem Dach hat. Übrigens kommt am Lemberg noch etwas dazu: Das österreichische Bundesheer hat wegen der Nähe der Windräder zum Radarsystem am Kolomansberg Sicherheitsbedenken.

Was die Windräder am Saurüssel betrifft, so gibt es eine Aussage des oberösterreichischen Naturschutzlandesrates, wonach es an diesem Standort keine Windräder geben wird, solange er im Amt ist. Ich möchte zu den Windrädern nur anmerken, dass sie erstens keine Stabilität in die Energieversorgung bringen und zweitens schon bei der Errichtung viel Wald für den Standort und die Zufahrtsstraßen vernichtet wird. Mit einem Güterweg wird man für die schweren Transporter nicht auskommen.

ÜBER SEINE SPÄTEN JAHRE.

Ich habe meinem Sohn Tobias bereits alles übergeben, er ist Geschäftsführer und geschäftsführender Gesellschafter des Hauses. Meine Tochter Katharina ist Mitarbeiterin und identifiziert sich ebenso wie Tobi voll mit dem „Dorferwirt". Katharina hat mehr oder weniger die Rolle meiner verstorbenen Christine übernommen. Auch ich habe noch den Status als Geschäftsführer., kümmere mich um das Frühstück der Hausgäste, betreue die Rezeption, bin verantwortlich für Check-in und Check-out sowie für die Beantwortung von Buchungsanfragen. Mein Hobby ist aber das Kassieren der Liegegebühr am hauseigenen Badeplatz. Mit höflicher Bestimmtheit habe ich erreicht, dass das Publikum auf unserem Badeplatz sehr angenehm ist und sich sehr wohl fühlt.

Matthias Radauer, 1988 Gründer des Zell am Mooser Dorffestes, über Anforderungen an einen Fest-Moderator: „Ein Moderator muss frei sprechen können und spontan sein. Vor allem muss er gut vorbereitet sein, wenn es etwa um die Begrüßung von Ehrengästen geht." Einen prominenten Gast zu vergessen und einen weniger prominenten zu begrüßen, sei eine Todsünde für einen Moderator. (In OÖN, 16.8.2023)

ÜBER KRANKEIT UND TOD.

Wenn ich bei mir beginne, dann hatte ich 2022 eine Prostata-Operation in Vöcklabruck. Gott sei Dank ist sie gut ausgegangen, ohne dass Krebszellen andere Organe befallen hätten. Ich gehe regelmäßig zur Vorsorgeuntersuchung, aber ich gestehe, dass eine gewisse Angst immer mitschwingt. Ich versuche, gesund zu leben, vegan und vegetarisch, und ich esse wenig bis gar kein Fleisch. Auch verzichte ich völlig auf Nudeln, Kartoffeln und natürlich Pommes. Ich habe mehr als 20 Kilogramm abgenommen und habe bereits vor 15 Jahren mit dem Rauchen aufgehört. Hie und da gönne ich mir aber noch die eine oder andere Zigarette.

Meine Christine ist 2020 verstorben. Ich kann mich noch genau erinnern: Es begann zu Silvester mit grippeähnlichen Symptomen. Dann ging alles ganz schnell. Christine hatte einen besonders aggressiven Leberkrebs, der ihr keine Chance ließ, obwohl wir alles Mögliche versucht hatten. Am 8. März ist sie verstorben. Alles ging einfach schnell, viel zu schnell. Ich war immer überzeugt, dass wir die Krebserkrankung besiegen und habe Christine auch mit diesem Optimismus begleitet. Wenn ich eine Lehre aus diesem tragischen Ereignis ziehe, dann ist es die, so zu leben, dass man ein Leben in größtmöglicher Harmonie lebt, in dem man nichts für später aufschiebt. Denn wir wissen nicht, was später sein wird.

Wordrap.

Ein guter Tag beginnt für mich…
…mit positiver Einstellung und Dankbarkeit, dass es uns gut geht.

Mein letzter Urlaub war…
…Anfang Februar bei einer Ayurveda-Kur in Schärding.

Wenn ich aus einer Speisekarte wähle, dann am ehesten…
…Wokgemüse, Fisch oder etwas mit Curry, und hie und da einen Schweinsbraten beim Dorferwirt.

Mein Gesundheitsbewusstsein ist…
…nach den Erkrankungen von gesunder Ernährung geprägt.

Sport ist für mich…
…ein Schwachpunkt.

Wie sollte man mit Wölfen umgehen?
Maßnahmen setzen gegen die weitere Verbreitung.

Mein Interesse an Politik ist…
…gegeben.

Das Dorffest braucht etwas Neues: Ja oder nein?
Ja. Weiterentwicklung und Verbesserung bei Beibehaltung des Gesamtcharakters.

Nach Zell am Moos komme ich…
…gerne. Es ist ja immer noch meine Heimat. Im Herzen bin ich ein Zeller.

Matthias Schafleitner

Matthias Schafleitner (82), Pensionist.

Er ist immer gut gelaunt, fit wie ein Turnschuh und fleißig. Außerdem ist er ein Mann mit vielen Hobbies. Fragen an einen lebenslustigen Bewohner von Zell am Moos, dem man seine 82 Jahre nicht ansieht.

ÜBER SEINE KINDHEIT IN DER WIES:

Eigentlich wären wir ja sieben Kinder gewesen. Aber ein Zwilling starb bei der Geburt und meine Schwester Maridi fiel in die Kalkgrube und starb. Mein Bruder Hans, der spätere Bauer am Hof, war sieben Jahre älter als ich, Marie (spätere Stallerin) war drei Jahre und Fanni (spätere Rindberger) zwei Jahre älter als ich.

Wir hatten 20 Stück Vieh und haben das Land mit der Hand, Gabel und Rechen bearbeitet. Mein Vater verstarb, als ich zwölf Jahre alt war. Er war jahrelang nach Schlaganfällen halbseitig gelähmt und konnte nicht am Hof mitarbeiten. Die Stöckl Fanni (Gattin des Briefträgers Fritz Stöckl) war damals Magd bei uns. Meine Mutter stammte aus Oberwang. Ich habe auch viel am Hof mitarbeiten müssen. Nebenbei habe ich noch das Kirchenblatt ausgeteilt. Das kostete zehn Groschen, manchmal bekam ich ein zweites Zehnerl als Trinkgeld.

ÜBER SEINE SCHULZEIT.

Von 1948 bis 1956 besuchte ich die Volksschule Zell am Moos. Im ersten Stock der Schule gab es zwei Klassen. Unten wohnte die Familie von Schuldirektor Blaichinger. Es gab damals ja keine Umfahrungsstraße sondern nur einen Wiesenweg, auf dem wir zur Schule gingen. Ich erinnere mich, dass in der heutigen Dorfstraße noch fast keine Häuser standen. Es gab das Breitenthaler-Haus, auch das vom Transportunternehmer Pöckl, den Spielberger-Neubau oder auch das Haus vom Künstler Hans Mairhofer. Auf dem Heimweg von der Schule bin ich öfters zu ihm gegangen und habe ihm beim Schnitzen zugeschaut. Was die Schule betrifft, so erinnere ich mich auch noch an andere Dinge: Etwa an die Turnstunden, die wir im Winter oft mit Schlittenfahren verbrachten. Runter vom Gassner, das war ein Spaß! Oder auch in der Kastanienallee sind wir gerodelt, so schnell wir konnten.

An eine besondere Anekdote mit meinem Lehrer Blaichinger kann ich mich auch noch erinnern. Ich hatte vergessen, die Hausübung zu machen. Da hieß es: „Hefte heraus!" Ich tat auch so, als würde ich das Heft aus der Schultasche nehmen. Draußen hat es sehr stark geregnet. Es bestand die Gefahr, dass das Wasser auch in die Schule fließen würde. Da sagte der Lehrer zu mir. „Matthias, du nimmst jetzt eine Schaufel und machst drei Gräben, damit das Wasser in den Hinterauer-Bach abfließen kann." Das machte ich gerne, und als ich die Arbeit fertig hatte, war die Schulstunde bereits vorbei, ohne dass ich die vergessene Hausübung beichten habe müssen. Ich bekam von meinen Eltern ein Fahrrad, mit dem ich später täglich zur Schule fuhr. Einstellen durfte ich es beim Hinterauer in der Tenne. Ich darf nicht vergessen zu erwähnen, dass unser Lehrer immer wieder zu verschiedenen Anlässen Theaterstücke einstudierte, die wir beim Langwallner oder beim Seewirt aufführten. Ich durfte meistens eine der Hauptrollen spielen. Gut erinnern kann ich mich noch an den „Regenschirmflicker", einen Einakter, in dem ich alleine spielte.

Während der Schulzeit war ich auch Ministrant. Den Herrn Pfarrer Penetsdorfer begleitete ich oft beim „Versehengehen", das war meistens die damals als „letzte Ölung" bekannte Krankensalbung für sehr Kranke. Wir gingen jeden Weg zu Fuß, ich trug sowohl die Laterne wie auch die Handglocke, die ich in regelmäßigen Abständen dreimal läutete.

ÜBER HEIRAT UND FAMILIENGRÜNDUNG.

Nach der achtjährigen Volksschule besuchte ich von 1963 bis 1964 die Landwirtschaftsschule in Oberalm bei Hallein. 1964 bin ich zur Güterwegmeisterei Frankenmarkt gekommen und bis zur Pension im Jahr 2003 geblieben. Meine spätere Gattin habe ich kennengelernt, als wir einmal in der Nähe von Aspach gearbeitet haben. 1972 habe ich meine Maridi geheiratet. Die Hochzeit war beim Langwallner, das Brautstehlen beim Seewirt. Das hat ungefähr zwei Stunden gedauert, aber es wurden etwa 100 Liter Wein getrunken, welche die sechs Brautführer zu bezahlen hatten. Dann ging es unter Musikbegleitung wieder zurück zum Langwallner. Marschiert sind wir durch die Tenne beim Michlbauer, das war ein riesiger Spaß.

Noch im selben Jahr haben wir mit dem Hausbau unterhalb des Elternhauses begonnen. Als weichender Erbe bekam ich eine Baugenehmigung. Damals war das noch möglich. Am 1.7.1973 sind wir in das neue Haus eingezogen. Drei Wochen später vermieteten wir bereits Zimmer. Heute haben wir noch vier Gästezimmer und eine Ferienwohnung, die wir vermieten.

Zu unserer Familie gehören drei Töchter, nämlich Anita (* 1972), Karin (* 1973) und Sylvia (* 1977), die uns sehr stolz machen.

ÜBER ERLEBNISSE, DIE MAN NIE IM LEBEN VERGISST.

Ich habe natürlich auch einige Erlebnisse zu erzählen: Am 12.9.1954, einem Samstag, etwa um 16 Uhr, sollten ein Freund

und ich Mehl von einer Mühle an der Vöckla holen. Es war nicht nur heiß, sondern drückend schwül. Während wir durch den Wald gingen, konnten wir nicht sehen, dass sich eine Hagelfront in rasanter Geschwindigkeit näherte. Wir ließen von unserem Vorhaben ab und schauten, dass wir rasch einen Bauernhof erreichen konnten. Es hagelte hühnereigroße Schlossen. Ich wurde am Oberschenkel und am Halbschuh getroffen, was durchaus schmerzhaft war. Beim Hesl fanden wir Unterschlupf, und die Heslin (Frau Födinger) gab uns trockene Kleidung, weil wir völlig durchnässt waren.

Das zweite Erlebnis liegt rund vier oder fünf Jahre zurück. Ich bin beim Mistelschneiden sieben oder acht Meter von einem Baum gefallen. Ich hatte drei gebrochene Rippen und war kurze Zeit bewusstlos. Als ich wieder wach war, fuhr ich nach Hause. Meine Gattin und meine Tochter merkten aber sofort, dass etwas nicht stimmte mit mir. Dann kamen Rettung und Notarzt und ich landete für drei Tage im Krankenhaus. Ich kann nur sagen, dass ich unglaubliches Glück hatte.

Die dritte Geschichte, die ich erzählen kann, ist die Erpressung mit Geiselnahme in Zell am Moos. Das war am 28.1.1984. Ich bin ja Nachbar des damaligen und leider schon verstorbenen RAIKA-Geschäftsleiters Alois B., der wegen einer Geiselnahme in seinem Privathaus gezwungen war, Geld von der Bank zu seinem Privathaus zu bringen. Wie ist es dazu gekommen? Es läutete beim Haus der Familie. Die Hausfrau machte das Richtige, sie rief meine Frau an. Sie solle aus dem Fenster schauen, wer vor der Nachbarstür stünde. Doch in diesem Moment wurde die Tür bereits geöffnet. Ich bin gerade vom Elektro Neuhofer nach Hause gekommen und habe einen Maskierten vor dem Fenster gesehen. Da habe ich sofort den Notruf gewählt und zusätzlich auch die

Gendarmerie Mondsee angerufen. Diese ist auch rasch gekommen, auch wenn sie zuerst noch zur Bank fuhren, obwohl ich gesagt hatte, es gehe um das Privathaus des Bankstellenleiters. Ich habe alles getan, was man unbeteiligt als Helfer machen kann. Ich sah auch den Räuber aus dem Haus laufen und habe Hinweise weitergegeben, wohin er gelaufen sein könnte. Meiner Meinung nach ist er zum nahen Wald „Schwandhölzl" gelaufen und hat dort möglicherweise ein Auto stehen gehabt. Er war nicht groß, hatte Moonboots an und trug ein Sackerl mit der Aufschrift „Montana Haustropfen", in das er das Geld gepackt hatte.

Wenn ich ganz ehrlich bin, hat mich gerade dieser Fall noch monatelang beschäftigt. Erstens denkt man natürlich daran, wer der Täter gewesen sein könnte. Zweitens habe ich das Thema monatelang in der Nacht in Träumen gehabt. Heute kann ich sagen, dass das alles Geschichte ist, obwohl ich schon gerne wüsste, wer damals dieser dreiste Täter war.

ÜBER DEN ZELLER FASCHING.

In den 1950er Jahren gab es in Zell am Moos einen Faschingsumzug. Soweit ich mich erinnere, gab es sogar Umzüge mit Wagen. Einer der Höhepunkte war immer der Faschingsbrief, der vom Künstler Hans Mairhofer verlesen wurde. Einmal hat er den „Lehrer mit dem weißen Bart" (Oberlehrer Brandstötter) lustig aufs Korn genommen. Leider gab es auch den einen oder anderen Verdruss, weshalb der Faschingszug und der Faschingsbrief wieder eingestellt wurden. Heute gibt es nur mehr den Kinderfasching, der aber sehr beliebt ist.

ÜBER DIE THEATERBÜHNE ZELL AM MOOS UND ANDERE HOBBIES.

Ich möchte zunächst erwähnen, dass natürlich die Familie mein oberstes Hobby ist. Aber jeder hat natürlich auch abseits davon Leidenschaften, die man eben als Hobbies bezeichnen kann.

Die ersten Erfahrungen mit dem Theaterspiel hatten wir ja schon während der Schulzeit gesammelt. Dann ging es in der Katholischen Jugend weiter. Jedes Jahr haben wir gespielt, Einakter, aber auch Dreiakter. Die eigentliche Chefin der Theatergruppe war meine Schwester Fanni. Sie suchte die Stücke aus, meistens bayerische, und agierte auch als Souffleuse. Wir spielten eigentlich während der 1950er Jahre, wobei die Säle immer brechend voll waren. Erinnern kann ich mich auch noch an die Laienschauspieler, unter anderen an die Pöckl Gerti, den Döllerer Franz, die Winkler Christl, an Adolf Achleitner, Matthias Achleitner und Anton Achleitner.

Eisstockschießen ist nach wie vor ein Hobby von mir. Früher gab es zum Beispiel im Kinderbad Eisbahnen, die von vielen Freunden des Eisschießens genutzt wurden. Ich war so begeistert, dass ich – wenn ich wegen eines Versehgangs mit dem Herrn Pfarrer Penetsdorfer das Stockschießen unterbrechen musste – nachher sofort wieder zum See oder zum Wiesinger-Teich lief, um mitzuschießen.

Ein drittes Hobby von mir war das Plattenwerfen oder Hufeisenwerfen. Das habe ich mit Leidenschaft gemacht, weil wir auch eine so gute Gemeinschaft waren. Vor fünf Jahren habe ich aber damit Schluss gemacht.

Krippenbauen ist ebenfalls eines meiner Hobbies. Früher habe ich etwa 40 „Irrseekrippen" pro Jahr gebaut und auch verkauft, heute ist der Markt weitgehend gesättigt. Das Besondere an meinen Krippen ist, dass diese „Irrseer Wurzelkrippen", wie ich sie herstelle, niemand anderer herstellt.

Zimmergewehrschießen ist ein weiteres Hobby von mir. Wir schießen jeden Mittwoch im Keller des Gasthofes Seewirt.

Und zuletzt: Der Kirchenchor. Er ist mein besonderes Hobby. Ich bin sicherlich schon mehr als 50 Jahre Mitglied im Kirchenchor. Und schon zu Zeiten des damaligen Organisten Gottfried Spielberger ging ich auf die Empore, um mitzusingen. Mit der Übernahme des Kirchenchores und des Organistendienstes durch Ingrid Graspointner haben wir ein Stück Professionalisierung erhalten und etliche Messen einstudiert. Wir sind eine gute Gemeinschaft und fördern diese Gemeinschaft auch durch gemeinsame Ausflüge. Natürlich werden wir alle älter und wissen nicht, was in zehn Jahren aus dem Kirchenchor geworden sein wird.

Wordrap.

Ich habe in meinem Leben alles erreicht, was ich wollte:
Ja.

Zur Jause esse ich gern…
…eine Knacker oder ein Stück Geselchtes.

Der Achter in meinem Alter macht…
…mir keine besonderen Sorgen. Ich spüre ihn nicht.

Meine Frau ist für mich…
…immer da.

Was mich aus der Ruhe bringen kann:
Kaum etwas.

Das Besondere an meinen Irrseekrippen ist…
…dass ich der Einzige bin, der so etwas macht.

Zur nächsten Wahl gehe ich…
…wie immer.

Das Schönste an Zell am Moos ist…
…das gemütliche Dorf, der schöne See und die bewaldeten Hügel.

Vor Krankheit und Tod habe ich…
…keine Angst.

Bei meinem Begräbnis soll der Pfarrer sagen:
Der Hias hat sein Leben gut gemeistert. Er ruhe in Frieden.

Maria Schweighofer

Maria Schweighofer (73), Pfarrsekretärin

Als Pfarrsekretärin ist Maria Schweighofer nicht nur zuständig für administrative Angelegenheiten der Pfarre Zell am Moos, sondern auch Ansprechpartnerin für die Gläubigen und Stütze von Pfarrer Mirko Ivkic.
Fragen zum Menschen Maria Schweighofer.

ÜBER IHREN BERUF ALS PFARRSEKRETÄRIN.

Da muss man in meinem Fall etwas differenzieren. Seit 2005 bin ich Pfarrsekretärin und mache die gesamte Büroarbeit, bisher auch einschließlich der Buchhaltung. Meine Arbeit geht aber darüber hinaus. Ich bin Mesnerin, habe aber bei Begräbnissen die Unterstützung von Hans Hausleitner, der alles für das Requiem vorbereitet, während ich noch die Seelenmessen aufschreibe. Ich kümmere mich aber auch um andere Dinge in der Kirche und organisiere die Urlaubsvertretungen. Auch das Glockengeläut bei besonderen Anlässen wie Hochzeiten oder Begräbnissen obliegt mir. Und ich läute auch die Sterbeglocke, die wir früher als Zügenglöckchen bezeichnet haben. Die Sterbeglocke wird nach einem Todesfall vor dem nächstfolgenden Gottesdienst geläutet. Am Samstag von 9 bis 11 Uhr bin ich im Büro erreichbar, ansonsten habe ich gleitende Arbeitszeit, bin aber telefonisch immer erreichbar.

ÜBER PFARR- UND GEMEINDEFRIEDHOF.

Der Pfarrfriedhof ist der, der rund um die Kirche angelegt ist. Er ist schon ziemlich voll, und die Gräber sind knapp nebeneinander angelegt. Natürlich darf sich jeder Verstorbene auch noch im Pfarrfriedhof bestatten lassen. Aber das kommt eher selten vor, am ehesten dann, wenn schon ein Familiengrab im Pfarrfriedhof besteht. Auf dem Gemeindefriedhof, dem so genannten „neuen" Friedhof, kann jeder bestattet werden. Mit oder ohne christliches Ritual. Einen Unterschied zwischen den beiden Friedhöfen gibt es auch bei den Grabgebühren. Die Gebühren aus dem Pfarrfriedhof bleiben bei der Pfarre, die Gebühren des Gemeindefriedhofs gehören natürlich der Gemeinde.

ÜBER VERÄNDERUNGEN BEI DER BESTATTUNG.

Das Erste, was mir dazu einfällt, ist, dass sich das Wachten auf einen Abend reduziert hat. Früher wurde zweimal, manchmal sogar dreimal gebetet. Das Zweite ist, dass sich der Trend bei der Bestattung generell gewandelt hat. Die Feuerbestattung und damit die Urnenbestattung ist immer mehr im Kommen. Bei der Feuerbestattung gibt es zwei Varianten. Manche Angehörige wollen, dass der Sarg mit dem Verstorbenen noch in die Kirche zum Requiem gebracht wird. Danach wird der Sarg verabschiedet und in das Krematorium gebracht. Die Beisetzung erfolgt meist im engsten Familienkreis. Bei der zweiten Variante erfolgt die Kremation vorher, und das Requiem findet mit der Urne statt. Danach wird die Urne entweder an einem eigenen Platz im Friedhof oder im Familiengrab bestattet.

Eine dritte Veränderung ist, dass sich die Zeit bis zur Auflassung eines Grabes verkürzt hat. Das sieht man im Gemeindefriedhof sehr deutlich, im Pfarrfriedhof weniger. Wenn jemand ein Grab auflassen will, muss er den ursprünglichen Zustand herstellen. Das heißt, er muss den Grabstein wegbringen, Erde und Blumen entsorgen und eine Schotterfläche auftragen. Bei den Grabgebühren orientieren wir uns an jenen, welche die Gemeinde verrechnet.

ÜBER IHREN GLAUBEN.

Natürlich bin ich gläubige Katholikin, aber nicht konservativ. Ich gehe auch regelmäßig in die Kirche, bin aber nicht so fanatisch, dass ich jeden Tag in die Kirche gehen müsste. In der Kindheit wurde ich vor allem durch meine Eltern und durch die Schule religiös geprägt. Damals wurde man in seinem Glauben begleitet. Einerseits gab es immer die Beichttage, die für jeden eigentlich Pflicht waren. Andererseits gab es nach der Schule gleich die Katholische Jugend. Da war ich auch eingebunden.

ÜBER PAPST FRANZISKUS.

Ich bin keinesfalls gegen ihn und akzeptiere, was er macht. Insgesamt kann ich jedenfalls sagen, dass ich es für gut halten würde, wenn ein Papst einmal deutlich jünger wäre.

ÜBER IHRE ERFAHRUNGEN MIT KRANKHEIT
UND TOD.

Ich habe in meinem Leben genug Erfahrung mit Krankheit und Tod und kann vorweg sagen, dass mich der Tod nicht mehr schrecken kann. Mein Mann Ferdinand war 42 Jahre alt, als er eine Gehirnblutung erlitt. Dann gibt es verschiedene Phasen, die man durchlebt. Zuerst hofft man, dass es wieder gut wird. Danach kommt die Verzweiflung, welche die Hoffnung verdrängt. Und irgendwann akzeptiert man das Unveränderbare. Und ich kann sagen, dass wir noch zehn halbwegs erträgliche Jahre hatten. Ferdinand war zwar schwer gehandicapt, aber er konnte sich noch wehren, obwohl er kaum sprechen konnte. Ich kann mich an eine Situation in einem Kurhotel erinnern: Er wollte ein Einzelzimmer, bekam aber ein Doppelzimmer. Er hat – obwohl er nicht sprechen konnte – bei der Rezeption erwirkt, dass er ein

Einzelzimmer bekam. Ich war mit Ferdinand mehrere Jahre lang bei einer Logopädin. Er hat damals gute Fortschritte gemacht und konnte schon einige Worte lesen, aber als wir nach Hause kamen, war alles wieder weg. Er konnte nur ein paar Worte sprechen. Ja, nein, Lupo oder Mutti. Als er dann verstorben ist, empfand ich eine Mischung aus Trauer und Erleichterung, weil er zehn Tage vor seinem Tod eine zweite Gehirnblutung hatte und von da weg nur mehr die Augen bewegen konnte. Einerseits war ich jetzt allein, andererseits konnte ich jetzt wieder einen Ganztagsjob annehmen. Ich war auf den Postämtern in Loibichl, dann in Pöndorf, meine letzte Station vor der Pension war das Postamt Mondsee.

Mein Bruder Franz war 58 Jahre alt, als er krank wurde. Er hatte Muskelkrebs. Seine Krankheit dauerte etwa ein Jahr. Vor seinem Tod wurde ihm in Graz noch ein Bein abgenommen, aber da war es schon zu spät.

ÜBER PERSÖNLICHE LEIDENSCHAFTEN.

Ich bin sehr spontan. Es kann sein, dass ich am Morgen nach Wien fahren will, dann fahre ich eben. Aber es gibt auch einige Leidenschaften. Zum Beispiel einmal im Jahr der Urlaub in Kroatien, weiters Radfahren im Burgenland oder in der Wachau. Aber es ist schon so, dass mit zunehmendem Alter Manches beschwerlicher wird. Mit dem Schifahren, einer großen Leidenschaft von mir, habe ich aufgehört. Dafür verbringe ich heute viel Zeit am Computer. Ich habe zum Beispiel einen Urlaub in Istanbul gebucht, ohne einmal aus dem Haus zu gehen. Das war perfekt und es fasziniert mich, was man am PC alles machen kann und welche Informationen man abrufen kann.

ÜBER DIE SPÄTEN JAHRE.

Solange ich gesund bin, werde ich so weitermachen wie jetzt. Ich weiß aber, dass ich früher oder später Abschied von meiner Arbeit nehmen werde, die ich übrigens sehr gern mache. Der Computer wird mein Freund bleiben. Aber zu Hause will ich niemandem zur Last fallen, sondern werde irgendwann einmal in einem Altersheim landen. Ich habe aber keine Angst vor dem Sterben und dem Tod.

Wordrap.

Kirche ist für mich…
…Heimat.

Den Rosenkranz bete ich…
… wenn mir danach ist.

Am liebsten esse ich…
…Wiener Schnitzel mit Kartoffelsalat.

Energiegeladen bin ich vor allem, wenn…
…ich ausgeschlafen bin.

Die Friedhofskapelle besuche ich…
…zumindest zweimal pro Woche.

SPAR oder Bauernmarkt?
Beides.

Plastiksackerl oder Mehrwegeinkaufstasche beim Einkauf?
Mehrwegeinkaufstasche.

Urlaub in Italien, Kroatien oder Österreich?
Kroatien.

Die Zukunft Österreichs macht mir Sorgen.
Nein. Ich sehe sie positiv.

Meine persönliche Zukunft sehe ich…
…ebenfalls positiv.

Friedrich Wiesinger

Friedrich Wiesinger (73), Altbauer und Altbauernobmann im Bezirk Vöcklabruck

Fritz Wiesinger (73) war über Jahrzehnte Bauer am Ramsauergut in Unterschwand. Heute ist er in Pension, aber noch immer aktiv, auch als Bezirksobmann der Altbauern. Wiesinger ist leidenschaftlicher Fußballfan und gilt als eloquenter Gesprächspartner zu einer Vielfalt von Themen.
Anmerkungen zu einem bunten Leben.

ÜBER DAS BAUER SEIN:

Grundsätzlich ist es wunderbar, Bauer zu sein. Aber die Landwirtschaft hat sich so verändert, dass ich aus heutiger Sicht sagen kann, dass es mich nicht mehr freuen würde, Bauer zu sein. Wenn ich mich an die Zeit vor 50 oder 60 Jahren erinnere, gab es Bauernhöfe mit zehn oder 15 Kühen. Heute hingegen haben die größeren Höfe einhundert Kühe und mehr. Das ist eine Entwicklung, die mir nicht gefällt. Dazu kommen Vorschriften, die für mich zum Teil makaber sind. Und es wird sehr viel aufgebauscht, was die Landwirtschaft betrifft, und versucht, Skandale zu produzieren. In Österreich ist die Landwirtschaft noch relativ klein strukturiert, aber in Estland habe ich zum Beispiel Ställe mit 1200 Tieren gesehen. Auf meine Frage, was er sich jetzt noch wünsche, sprach der Chef dieses landwirtschaftlichen Betriebes von mehr Wachstum. Das verstehe ich einfach nicht.

Leider hat die Landwirtschaft auch viele Gegner. NGOs, Arbeiterkammer, Wirtschaft und so weiter. Und während andere Berufe neun und mehr Prozent Lohnerhöhung bekommen, gehen die Einkommen in der Landwirtschaft zurück.

ÜBER DEN NATURPARK BAUERNLAND.

Ich sehe Naturparks grundsätzlich positiv, weil sie nicht so sehr mit Verpflichtungen verbunden sind, sondern wertvolle Flächen schützen und vor allem der Bewusstseinsbildung über die Natur dienen.

ÜBER KOMMUNALPOLITIK.

Schon als Kind wurde ich von meinem Vater politisch geprägt. Die erste ÖVP-Versammlung habe ich im Alter von 13 oder 14 Jahren beim Langwallner erlebt. Da kam immer ein Landtagsabgeordneter, und der Besuch im Gasthaus war sehr gut. Der Großvater bei uns zu Hause hatte jeweils im Winter das Linzer Volksblatt, das auch ich gelesen habe. Und dann gab es jeden Samstag im Radio abwechselnd die „Sendung des Bundeskanzlers" und die „Sendung des Vizekanzlers". Damals waren das Julius Raab und Bruno Pittermann. In den Gemeinderat bin ich 1979 gekommen, als Johann Rindberger nach dem Tod meines Vaters Bürgermeister wurde. Im Zuge der riesigen Probleme mit dem damaligen Pfarradministrator Ernest F. („Pater B.") haben vier Gemeinderäte, darunter auch ich, ihre Mandate zurückgelegt. Das war ein Viertel des gesamten Gemeinderates. Der seinerzeitige Gemeindearzt Helmut Palzinsky hat mich am 15.8.1991 gefragt, ob ich bei einer eigenen Liste mitmachen würde, die für den Gemeinderat kandidiert. Tatsächlich haben wir 1992 kandidiert und mit vier gewonnenen Mandaten einen schönen Erfolg eingefahren. Wir haben auch einige Dinge erfolgreich in Angriff genommen. Als Beispiel nenne ich die Hausnummernordnung, diese Arbeitsgruppe habe ich geleitet. Das Problem bei Bürgerlisten sehe ich allerdings darin, dass sie an Bedeutung verlieren, wenn das Problem, weshalb sie gegründet wurden, gelöst ist. Das war in der Causa F. auch so, sodass wir bei der nächsten Wahl nur mehr zwei Mandate schafften. Und bei der nächsten Wahl hatten wir vergessen, die Wahlunterlagen rechtzeitig einzureichen. Heute ist die Liste Zell am Moos lange Geschichte, aber wir treffen uns noch hie und da zu einem gemeinsamen Abendessen. Da wird aber nicht über mehr Gemeindepolitik gesprochen.

ÜBER WEITERE FUNKTIONEN.

2008 hat mich der Pöckl Josef („Bauernfeind Sepp") gefragt, ob ich mir vorstellen könne, den Altbauernobmann in Zell am Moos zu übernehmen. Das tat ich, und ein Jahr später war ich schon Bezirksobmann. Wie ich das geworden bin, weiß ich nicht mehr. Damals war ich einer der jüngsten Bezirksobmänner, heute bin ich einer der ältesten. Ich organisiere für die Altbauern ein- und mehrtägige Ausflüge sowie jedes Jahr drei Altbauernnachmittage mit jeweils einem Thema wie Klimawandel, Patientenverfügung, kirchliche oder medizinische Themen oder auch eine Sicherheitsberatung mit Bez.Insp. Lisa Grabner vom BPK Vöcklabruck. Die aktuelle Funktionsperiode läuft noch bis 2026. Dann bin ich älter als 75 und es ist endgültig Schluss.

Erwähnen möchte ich aber auch mein Engagement im Fleckviehzuchtverband Inn- und Hausruckviertel, wo ich sechs Jahre im Ausschuss und zwölf Jahre im Vorstand, also insgesamt 18 Jahre tätig war. Diese Tätigkeit hat mir viel Freude bereitet, weil ich als Bezirksobmann für Vöcklabruck und Gmunden immer wieder meine Philosophie einbringen konnte.

ÜBER TIERWOHL.

Der Konsument denkt, Tierwohl sei ihm ein Anliegen. Aber beim Einkauf steht das Tierwohl nicht mehr an erster Stelle. Da geht es mehr um einen günstigen Preis. Ich kann nur sagen, dass die meisten Bauern schauen, dass es den Tieren gut geht. Schwarze Schafe wird es leider immer geben.

ÜBER DEN MILCHPREIS.

Der Milchpreis hat sich praktisch seit 20 oder 30 Jahren nicht mehr geändert. 1980 kostete ein Liter Milch 7,50 Schilling, heute liegt der Preis bei 52 Cent. Man darf aber nicht vergessen, dass alle anderen Kosten gestiegen sind. Früher gab eine Kuh im Stalldurchschnitt rund 4000 Kilogramm Milch. Heute sind es 8000 Kilogramm und mehr pro Kuh. Aber egal, ob mehr oder weniger Milch: Der Preis bewegt sich nicht. Wenn man mich fragt, an welchen Schrauben man drehen müsste für einen fairen Milchpreis, muss ich gestehen, dass ich es auch nicht weiß.

ÜBER STAMMTISCHE.

Ich besuche den 10-Uhr-Stammtisch („10-Uhr-Runde") beim Langwallner, den es schon länger als vier Jahrzehnte gibt. Und jeden zweiten Sonntag im Monat besuche ich abends beim Seewirt einen kleinen Stammtisch, der mittlerweile auf vier Personen geschrumpft ist. Und ursprünglich war ich auch beim Stammtisch der Schnupfer in Mondsee, den es jetzt auch schon seit 50 Jahren gibt.

ÜBER GESUNDHEIT.

Ich esse Fleisch nicht in Massen, trinke viel Milch und ganz wenig Alkohol. Außerdem gehe ich zu Vorsorgeuntersuchungen. Wie wichtig Vorsorge ist, habe ich im Jahr 2012 gesehen. Da habe ich von der Sozialversicherungsanstalt der Bauern die Einladung zu einer Vorsorgeuntersuchung bekommen und diese Einladung nach einer Erinnerung auch angenommen. Dabei hat sich herausgestellt, dass ich eine neue Herzklappe brauche. Nach einer dreitägigen Untersuchung wurde ich im Krankenhaus Wels operiert und erhielt eine mechanische Herzklappe, mit der ich bis heute gut lebe. Eines möchte ich noch erwähnen: Ich habe vor 20 Jahren das Rauchen aufgegeben und mich eigentlich gewundert, wie leicht es gegangen ist. Jedenfalls hat das meiner Gesundheit einen großen positiven Schub gegeben.

ÜBER DAS LEDIGSEIN.

Ich weiß nicht, warum es so gekommen ist, wie es gekommen ist. Ich hatte verschiedene Freundinnen, mit denen ich mich auch heute noch gut verstehe. Aber die Landwirtschaft ist bei der Partnersuche für Männer oft ein Nachteil. Bäuerinnen tun sich da möglicherweise etwas leichter, einen Mann für den Bauernhof zu finden. Als Single genießt man sicherlich Vorteile, etwa den, dass man sich bei gewissen Entscheidungen nicht an anderen Menschen orientieren muss, sondern diese eigenständig treffen kann. Der Nachteil ist natürlich, dass man gewisse Unternehmungen nicht gemeinsam planen kann.

Natürlich habe ich in meinen Beziehungen auch Fehler gemacht, aber mit einem anderen Beruf wäre es wahrscheinlich leichter gewesen, eine passende Frau zu finden.

Wordrap.

Wenn ich noch einmal auf die Welt komme, werde ich…
…Sportreporter.

Meinen Kaffee trinke ich am liebsten…
…mit Milch und Zucker.

Mit dieser Person würde ich gern einmal einen Kaffee trinken:
Da gibt es so viele, dass ich nicht eine herausheben kann und will.

Schweinefleisch halte ich für…
…absolut notwendig für die Ernährung.

Bei meinen Jugenderinnerungen denke ich zuerst an…
…meine Volksschulzeit und an das Ministrieren.

Meine interessanteste Auslandsreise bisher war…
…auf alle Fälle Russland.

Diese Reise möchte ich noch antreten:
Viele Reisen werden es nicht mehr sein. Weite Reisen sind mir schon zu anstrengend. Vielleicht fahre ich noch einmal nach Paris.

Überraschen kann man mich…
…eigentlich kaum mehr.

COVID hat mein Leben nachhaltig verändert:
Nicht nachhaltig, aber die 16 Tage im Krankenhaus haben mich geprägt. Ich kann aber sagen, dass seit meiner starken COVID-Erkrankung nichts mehr so ist, wie es vorher war.

Erd- oder Feuerbestattung?
Erdbestattung.

Epilog

Und irgendwann sitzt du wieder an deinem Lieblingsplatz und blickst hinaus auf den Irrsee, der meistens seine ruhige Seite in zartem Blau zeigt, bisweilen jedoch auch aufmüpfige Wellen zulässt. Dann schaust du hinauf auf die bewaldeten Hügel. Nichts regt sich. Nur ein einsamer Vogel zieht am wolkenlosen Himmel seine Kreise. Du fühlst dich im Einklang mit der Natur. Du atmest still, um diesem wunderbaren landschaftlichen Gemälde die gebotene Ehrfurcht zu erweisen. Du hast deine Arbeit erledigt, lehnst dich zufrieden zurück und schließt die Augen.

Ist hier das Paradies? Ist diese geographische Dreifaltigkeit aus dem satten Grün der Wiesen, dem lieblichen Wasser und den bewaldeten sanften Hügeln wirklich die ultimative Schönheit? Oder ist es nur einer jener Momente, die man – versunken in die Sentimentalität des Augenblicks – einatmet, so wie es auch andere andernorts tun.

Zell am Moos ist sicherlich ein besonderes Kleinod, zwar nicht mehr so, wie es einmal war, behaftet mit so manchen Bausünden, aber doch erfolgreich in der Bewahrung seines dörflichen Charakters.

Was macht das Paradies vollkommen? Es sind die Menschen, die hier leben, denen eine besondere Freundlichkeit und Hilfsbereitschaft nachgesagt wird. Das kommt auch bei etlichen Gesprächen, die ich mit den Menschen für dieses Buch geführt habe, zum Ausdruck.

Gespräche zu führen, in denen man über das Leben redet, ist keine einfache Sache. Deshalb habe ich auch an dieser Stelle noch einmal jenen zu danken, die bereit waren, mit mir zu reden und mir ihre Zeit zu schenken. Oft sind es die kleinen Dinge, die einfachen Wünsche von Menschen, die den Reiz dieses Buches ausmachen. Jeder hat seine eigenen Vorstellungen von unserer Welt. Jeder setzt in seinem Leben eigene Schwerpunkte. Darüber sprechen zu wollen, ist freilich eine andere Sache.

Schon mehrmals wurde ich gefragt, wie ich überhaupt auf das Thema „Reden wir übers Leben" gekommen bin. Es gibt zwei Gründe: Der erste ist mein grundsätzliches Interesse an Menschen, natürlich getragen von journalistischer Neugier, der zweite betrifft mich als Leseratte: Ich habe ein Buch gelesen mit Meinungen von zwei Personen zu verschiedenen Themen des Lebens. So ein Buch inhaltlich gleichsam abzukupfern, das hätte mir keinen Spaß gemacht. Daher habe ich 16 Personen gesucht, die bereit waren, mit mir zu sprechen und über ihr Leben zu reden. Spannend war es, aufschlussreich und das gegenseitige Verstehen vertiefend. Alle Gespräche sind autorisiert, weshalb ich davon ausgehen kann, keine Grenzen der Persönlichkeitssphäre überschritten zu haben. Christian Weingartner danke ich für seine tollen Fotos.

In den vergangenen Jahren habe ich viele Menschzen verloren, denen ich dieses Buch gern persönlich in die Hand gedrückt hätte. Warum ich noch lebe, weiß ich nicht.

Norbert Blaichinger

Norbert Blaichinger

Zell am Moos

Geschichte und Geschichten
von gestern und vorgestern

edition irrsee

Norbert Blaichinger

Zell am Moos

Geschichten rund um ein Dorf
Geschichten von seinen Menschen

Band 2

edition irrsee

Norbert Blaichinger

Zell am Moos

Geschichte – Geschichten – Menschen

Band 3

edition irrsee

Norbert Blaichinger

Niedergeschrieben und festgehalten

Bilder und Texte von Josef Schafleitner
und Hans Mairhofer-Irrsee aus Zell am Moos

Band 4

edition irrsee

Norbert Blaichinger

Erinnerungen an damals Zell am Moos

Band 5

edition irrsee

Norbert Blaichinger

Das alte Zell am Moos und weitere Geschichten

Zell am Moos 6

edition irrsee